工業
4.0

結合物聯網與大數據的
第四次工業革命

編　者　阿爾馮斯·波特霍夫（Alfons Botthof）
　　　　恩斯特·安德雷亞斯·哈特曼（Ernst Andreas Hartmann）
譯　者　劉欣

目 錄
Contents

第三章

第四章

第五章

前言

德國在很多領域都因「技術引導變革」而聞名。傳統能源經濟經歷微轉型、向利用可再生能源供能靠攏的今天，德國將扮演什麼樣的角色，成為全球關注的焦點。此外，德國國民經濟的另一傳統強項當下也備受矚目：由於產品、流程、服務的數位化以及實體世界與互聯網世界的融合，工業領域、生產型企業以及機械及設備製造行業正經歷進一步的劇烈變革——近幾年來，所有事物均貼上了「互聯網化」的標籤。

通過「面向未來——工業4.0」專案，德國政府立案研究這一創新型的發展趨勢。德國經濟與能源署（BMWi）推動的「工業4.0時代機械自動化」科技專案中，對「面向未來——工業4.0」進行了具體描述並提供支援。

「工業4.0」這個概念包含兩個意義：一方面，「工業4.0」表示製造業已經進入了第四個發展階段。第一階段是18世紀後期引入機械生產技術；第二階段是20世紀初期在生產上廣泛應用電氣；第三階段是上世紀中期通過電子及資訊技術實現進一步的生產自動化。而工業革命的第四階段則是通過互聯網將實體世界與資訊系統相結合，使得企業未來將機械設備、庫存系統以及物資融合在一起。而系統、設備、物資之間可以自主交換資訊、開展行動、甚至相互監控。

另一方面，「4.0」這樣的「版本稱呼」更明確地表明本次革命不限於傳統意義上的機械及設備製造變革，而是由資訊技術產業主導的新型變革。

本書將「工業4.0」視為一套社會技術系統，該系統研究技術發展、社會需求以及經濟挑戰之間的相互作用，並關注社會中心問題：工業領域未來的工作導向是什麼？它有什麼意義？對此，出版人及作者希望能夠借助本書進一步推進對數位時代工作世界的討論。

本書出版後，期盼讀者能夠對此展開熱烈的討論，期間獲得的實踐經驗、工作認知以及社會技術分析，用於豐富、更新該議題。在此，我們希望本書的讀者可以獲得知識及啟發，歡迎各位給予意見及建議，為該議題的繼續討論貢獻一份力量。

阿爾馮斯 ‧ 波特霍夫
（Alfons Botthof）
恩斯特 ‧ 安德雷亞斯 ‧ 哈特曼
（Ernst Andreas Hartmann）
2014 年 11 月於德國柏林

1

第一章

工業 4.0 時代到來，
我們應該怎麼辦？

德國已經在工業 4.0 對工作品質、資質要求、組織機構新形式以及人與技術間關係的影響進行了深入思考。首先，是關於「人類因素」主題，然後是關於「人與技術」主題，德國都對即將發生的人與技術、人與環境互動關係的改變，和隨之帶來的工廠內分工合作新形式進行深入研究。

本章重點

自動化及工業 4.0 時代
的工作未來

阿爾馮斯・波特霍夫
.（Alfons Botthof）

歐洲關於企業的組織機構、跨企業組織新模式，「無工廠生產」、個性化批量生產以及自調式或自理式生產系統的討論，啟發工會內部進行思考，如何將新模式、新生產方式融入工業 4.0 之中。

▶建立資訊物理系統

作為德國聯邦政府「高科技及創新戰略」主要元素之一，針對未來的「工業 4.0」專案將推進傳統工業的資訊化，例如生產技術的數位化（如圖 1-1）。「在物聯網化的進程中，通過資訊與實體世界的融合、建立資訊物理系統，實現在新時代下，技術流程與德國的生產商業流程共同成長。」

工業 4.0 時代行動領域

- 安全作為成功關鍵因素
- 法律框架條件
- 數位化工業時代工作組織機構以及工作形態
- 作為參考結構的規定、標準化以及標準空缺
- 掌握複雜系統
- 工業領域覆蓋面全的寬頻（寬帶）基礎設施
- 培訓及繼續教育
- 資源使用效率
- 新型商業模式

資料來源：工業 4.0 時代的工作循環（德國研究顧問委員會，德國國家科學與工程院）：對「工業 4.0」專案的執行建議，2013 年 4 月

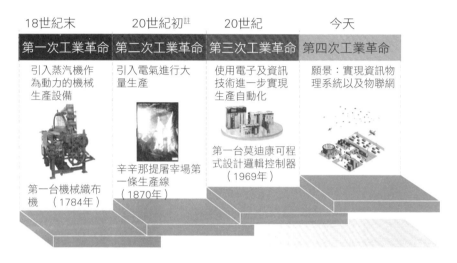

圖 1-1：工業 4.0

譯註：原德文版為「20 世紀初」，經查資料，此處為 19 世紀 70 年代更為合適。

關於「工業 4.0」專案的討論，先是在德國研究顧問委員會專案啟動工作組內部進行。在此之後，由亨寧 · 卡格曼（Henning Kagermann，德國國家科學與工程院）以及西格弗裡德 · 戴斯（Siegfried Dais，羅伯特 · 博世工業信託公司）任主席的同名工作組進行深入討論。可以說，已經對工業 4.0 在工作品質、資質要求、組織機構新形式以及人與技術間關係的影響進行了深入思考。

首先，是關於「人類因素」主題，然後是關於「人與技術」主題，都對即將發生的人與技術、人與環境互動關係的改變，以及隨之帶來的工廠內分工合作新形式進行深入研究。普遍認為，即便是工業 4.0 時代的智慧工廠也不可能沒有人類的參與。因此，勞動者如何認知及適應由於流程複雜、設備工具技術含量高而多變的工作環境，也成為需要詳細討論的主題。除了短、中期的解決方法〔例如：將輔助系統作為認知能力及工作績效的「能力增強劑」、還有工業合作式協助機器人、用於調試機械設備的手機應用軟體（軟件）、

或者用於迅速安裝生產流程的指導或用於教學的增強實境技術〕，有人提議推出一套培訓方案，既針對企業又針對高校進行培訓及繼續教育。

這些被熱議的問題通常會促使勞動者採取行動。因為他們意識到，工業 4.0（或者更通俗些表達：工作的逐步資訊化趨勢）將可能對勞動者及其所在企業的地位，尤其是工作組織形態有極大的影響。首當其衝的便是工作品質（包括例如工作滿意度、人身健康等因素）、勞動者通識教育水準、專業培訓以及能力發展流程。

早在 2009 年 7 月，工會便推出關於物聯網及工作與日常生活資訊化的相關文件。該文件對互聯網化及資訊化在「製造──生產規劃」領域的積極及消極作用進行了討論。例如，通過控制流程的自動化和分散化（「半成品」以及原件自帶後續流程資訊並自主與加工工具及生產線進行資訊交流）可能造成部分人類監控及控制能力流失，但是同時創造了優化整體流程的機會，使之更加滿足個體要求。「而對勞動者的具體影響，主要取決於各企業所實施的組織機構形態及技術的具體方案。技術、組織機構都有多種方案可以選擇。必要的是：基於技術及組織機構研發專案，用於展示以人類為主導的營運模式以及技術模式的可行性和經濟性。」

歐洲關於企業的組織機構、跨企業組織新模式，「無工廠生產」、個性化批量生產以及自調式或自理式生產系統的討論，啟發工會內部進行思考，如何將新模式、新生產方式融入工業 4.0 之中。

工業 4.0 工作組的總結報告所列舉的、需工會代表參與的推薦措施中明確了工作目標，並將通過工業 4.0 平臺派遣一個工作小組進行跟進。

主要研究內容如下：

- 對工作及就業的影響（機會及風險），還有以勞動者為導向的工作及培訓政策措施需求
- 為進一步發展及實施社會技術體系成型方案及其對應的參考專案提供指導及實施支援
- 多方參與、終身教育型創新方案，兼顧所有勞動者年齡層、性別、教育水準

此外，建議勞動者間定期舉辦對話交流，將工業 4.0 專案實施中的重要進展、遇到的問題及潛在解決方案透明化，並在對話交流期間提出各自的意見。

在「工業 4.0」背景下，德國經濟與能源署（BMWi）指派進行的、隸屬研究及發展促進計畫的自動化研究專案，將「人——技術互動」定為重點處理議題。首先要解決下列問題：

- 如何將自主系統／自主流程融合工作組織機構中？
- 將對使用者的工作內容、任務、職責產生什麼影響？
- 從用戶的身體及精神能力及該能力發展的角度觀察，應該如何設置工作組織機構？
- 自主系統有什麼形態要求及選擇？
- 從「人——技術互動」角度觀察，自主系統形態標準應包括什麼？
- 哪些知識和方法有助於研究「人——技術互動」的發展和形態構成？

▶第四次工業革命探路者

隨著德國經濟與能源署「工業4.0時代的機械自動化」專案的進行，將會出現更多、且針對具體工業流程的問題有待解決。與先導專案「自動化──中小型企業自主及模擬系統」一起，「工業4.0時代的機械自動化」專案扮演第四次工業革命的探路者，將成為德國經濟與能源署對德國政府「工業4.0」專案作出的主要貢獻。

先導專案之後，「工業4.0時代的機械自動化」專案通過創新，將最先進的資訊與通訊技術與工業生產結合起來，用於加速創新產品及流程的研發。更高一層的經濟政策目標是：鞏固德國作為高品質產地國、先進生產技術輸出國的頂尖地位。

為此，首先精選出具有創新潛力的專案計畫。

生產、物流、機器人學領域的促進計畫涉及以下內容：

- 移動式協助系統及互聯網服務
- 隨插即用式機器及設備網路
- 自控式無人駕駛運輸車
- 生產個性化定制產品時可用的仿生控制製造系統
- 人與機器人在同一區域協同工作時，所需的保護及安全方案
- 自控式飛行器監控庫存
- 在挑選工業用協助機器人時提供規劃及決策支援
- 為生產工人提供自主即時支援
- 用於研發生產設備及對其進行有效啟用的3D工程平臺
- 用於工業自動化的隨插即用式機器人

- 用於汽車行業的分散式生產管理
- 運動鞋及紡織物的單件自動化生產

▶與「工作世界的變革」息息相關

幾乎所有的專案背景都與「工作世界的變革」息息相關、因此備受關注。這些專案通過工業 4.0 的「實踐社區」得到普及。

本書總結梳理機械自動化領域以往的經驗教訓、以及工作學的相關知識，並將結果作為具體應用案例，在如「工業 4.0」一類的平臺上進行討論。通過這樣的總結梳理工作，可以證實一些論點及新發現、細化已有知識、並發展和討論實踐佳例。這麼做一方面可用於檢驗，哪些現有的涉及工作組織機構及形態的知識可以應用於工業 4.0 的自主系統中。另一方面，可以更加精確地分析由資訊物理系統帶來的新型挑戰。

除「工作導向」議題之外，同時進行的相關研究以及支持措施也結合有關專家的意見以及工業和科技領域的利益，廣泛關注其他議題。所討論的議題均對「工業 4.0」的創新流程及創新速度有所影響。

利用所獲得的支持以及促進創新的舉措，全面推進創新進程（不局限於技術水準）開展研究及發展專案、制定示例性解決方案。此外，「工作」議題成為阻礙創新的關鍵因素之一。下文列出示範性措施需要注意的幾點，在自動化專案中將通過同時進行的相關研究，首先對這幾點進行分析，並由相關負責人進行處理：

- **法律挑戰**

  工作及資訊保護，合法、安全地使用自主系統，民／刑法責任，營運

許可／認證，風險管理——保險能力，法律體系發展。

- **規定及標準化**

  作為工業 4.0 基礎的規定及標準，用於研發流程的規範、參考結構，細化及繼續研發一套全國標準。

- **工業 4.0 時代的資訊安全**

  保護基於 IT 系統的自動化機器及設備網路，監控工業流程、防止間諜及破壞行為發生，特設安全系統，新型安全結構，遵守行為規定，涵蓋各組織機構的法規及準則。

工業 4.0 時代下
的工作形態
過去的輝煌與未來的挑戰

恩斯特・安德雷亞斯・哈特曼
（Ernst Andreas Hartmann）

未來將要面臨兩大挑戰。一是要將所獲得的知識用於分析及描述促進學習式工作模式，應用在工業領域建構真實的工作系統。二是要解決自動化進程中所遇到的兩難困境，即解決學習式工作形態所遇到的障礙。

▶引言

針對未來的「工業 4.0」專案被視為德國政府創新領域的「戰略燈塔」。在工業生產占國內生產毛額（GDP）比重較大的背景下，創新能力成為越來越重要的因素，這便是發起「工業 4.0」專案的意義。麻省理工學院「創新經濟生產（Production in the Innovation Economy, PIE）」科研組所做的分析也清晰地指出這一點。

「工作形態」自研發「工業 4.0」方案開始，一直保持著重要的地位，這一點在「工業 4.0」工作組總結報告中也清晰地顯示出來。

「工業 4.0」，作為針對未來的政府創新專案，堅持延續德國工業及工作文化傳統。因此，應當回顧德國近 50 年來的工作形態，同時展望未來、接受資訊物理系統帶來的技術革新與挑戰。

其實，當下關注的議題和工作形態問題被討論已久。所以，可能出現一些「舊」的理念在如今「工業 4.0」的背景下才得以開始實施。而這又起到兩個作用：一是人口變遷加重了壓力，促使社會比過去更加謹慎地對待建立促進學習的工作組織機構或年齡分布合理的工作結構問題。二是資訊物理系統可在現場為使用者提供如獲取、處理並視覺化（可視化）複雜資訊的服務。

下面將重點闡述上文提到的「促進學習式工作結構」。當然，這只是工作形態的一方面，但卻是很重要的一方面。關於工作形態如何幫助人類長期獲得甚至提高知識水準以及能力的問題，工作心理學領域已經研究了至少半個世紀。由於人口變遷、人類工作年限將越來越長，這個問題對未來的世界尤為重要。

本文將通過三個發展階段進行展示：第一階段，20 世紀 70–90 代工作的人性化發展；第二階段，21 世紀之初「工作中學習（LiPA）」理念；第三階段，在創新政策引導下的新興「工學一體」研究路線。

▶工作的人性化發展

1974 年，當時的社會民主聯合政府科研與技術部展開「工作的人性化發展」（HdA）研究專案。該專案為德國第一個關於「工作與工作形態研究及發展」專案。

該專案是 20 世紀 70 年代「社會民主的 10 年」的典型代表。當時，社會進一步民主化（勇於施行民主）公民有了更大的參與權。而且民主與公民參與不局限於政治、社會以及文化領域，還包含經濟及就業問題。在這樣的背景下，1976 年頒布了《共同決策法》也便能夠理解了。

要求經濟及工作民主化的呼聲，不僅出現在德國。尤其是斯堪的納維亞國家（也符合當地社會及經濟文化傳統）也高喊類似的呼聲，比如，挪威的「工業民主」專案。

通過「工作的人性化發展」專案以及持續至今的各種該專案的承接專案，工作形態的重要基本原則產生了。迄今為止，這些原則依然有效。在最基本的層面上，開始實施社會技術系統理念，該理念早在 20 世紀 50 年代就由英國塔維斯托克（Tavistock）研究所提出，並進一步發展成為社會技術形態哲學。

該理念的核心是：工業領域的工作系統由「人」、「組織機構」以及「技術」三個子系統組成，在研究工作形態構成時，既要將三個子系統作為一個整體進行觀察，又要分別觀察其相互作用。這點在今天看來雖然日趨明朗，但是在技術發展堪比自然魔力的時代，需要從全新的角度進行解讀。特裡斯特（Trist）與班福思（Bamforth）在 1951 年驚人地發現，先進的自動化技術（在煤礦業）並不像眾人所預想的那樣，帶來理性化改革以及更好的經濟效益。他們認為，原因在於新技術破壞了當時已經固化的、能夠有效盈利的礦工工作組織。

時至今日，在技術發展以及引入的時候，還是沒有系統地、有效地將人類及組織機構的利益考慮在內。社會技術形態原理依舊等待全面、持續地實施。

工作的人性化發展還涉及另一個重要問題——工作或者作業的完整性。溫弗裡德・哈克爾（Winfried Hacker）將工作或作業的完整性分兩個維度解釋。「連續式」完整性表示員工的任務不僅限於執行，還應包括組織、計畫以及監控。「等級式」完整性表示在完成某崗位任務時精神上或多（如：解決問題）或少（如：日常工作）需要承受一定壓力。

在哈克爾的時代便已經清晰，完整的作業結構為「促進學習式」工作組織機構的基礎。苛刻的作業組成元素要求勞動者具有豐富的知識及能力，同時也提高其知識及能力水準。此外，社會技術形態原則出於兩個原因成為執行「促進學習式」工作系統的重要工具。

一是任務結構的完整性是主導各任務組織理念的直接產物（例如：一定程度地影響工作分配）。

二是技術組織機構設定框架條件，從某種程度上來說，技術是「流動的組織」，如總裝生產線。只有通過系統地分析技術及組織機構形態才能得出完整的任務結構。而這樣的觀點也在「工作的人性化發展」專案成果出版物之一《培訓式工作形態指導》中有所體現。

同時期，對「促進學習式」工作形態的另一條重要的原則於 1977 年由艾伯哈德‧烏爾裡希（Eberhard Ulich）提出，並被描述為「差異動態工作組織機構」原則。所謂「差異」是因為工作系統中存在分配給不同能力、不同效率的勞動者的任務。而人口變遷時期，這一點在對跨年齡段的工作組合尤為重要。但是，僅體現「差異」的工作系統可能導致勞動者「凍結」在自己的能力中，而不知如何繼續發展。所以才需要「動態」。所謂「動態」指的是通過系統地進行任務交替及任務擴展給予勞動者發展動力。

「工作的人性化發展」專案中涉及工作形態的領域主要是工業製造及總裝。製造業面臨過一個棘手的問題：如何使用數控機床（當時最新的技術）構造適合人類、並促進人類學習的工作形態。這種工作形態涉及工作組織機構──使用數控機床的工廠結構安排；而從自主式的、適合工廠的人機介面（接口）角度考慮，工作形態又涉及數控與數控程式設計本身。

下文將以一個機械總裝的實例闡明上述原則的實際應用。該專案未受「工作
的人性化發展」專案支持，而是由應用企業自己提供資金。但是，在專案規
劃及實施過程中，對「工作的人性化發展」原則有所考慮。

圖 1-2 展示的是農用牽引機總裝系統的規劃草圖。該總裝系統針對小組作業。

小型未標記的矩形是移動板。移動板面積為 24 平方公尺，與廠房地面相連，
並通過摩擦圓盤驅動、在總裝廠內慢速移動。每塊移動板上安裝有一台液壓
設施，牽引機在總裝過程中置於該設施上，有助於工人作業時靈活調試高度。

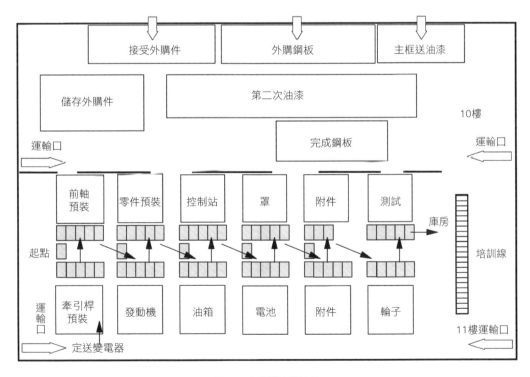

圖 1-2 牽引機總裝流程

小組作業的區域通過移動板上、下方的正方形標注出來。置於小組工作區域的移動板也屬於工作區。

從圖 1-2 可以看出，按工序區分的移動板上的總裝區域不屬於、或者不直接屬於按工序區分的工作區域。尤其是預配裝區域（部件）。因此，前軸組的任務不僅限於（按工序）將前軸安裝到置於移動板上的牽引機上，還包括接下來（非按工序）軸的預裝。

由此產生了要求不同的各種任務結構，即「差異」工作形態。「動態」通過重視勞動者一人兼多職（每個人駕馭盡可能多的工位）的能力實現。每個總裝區域的指數也反映這點。

從「等級式」及「連續式」完整性角度考慮，工作任務的規劃及協調（包括小組內部和相鄰小組之間的）將與總裝組整體工作相融合，以持續優化總裝系統。

社會技術形態指的是全套的技術布局，從總裝系統本身到現場小組工作場所，通過一定的組織理念（團隊工作形式）安排。而該組織理念需要將（從任務結構完整性的角度看）人類的需求考慮在內。

這套總裝系統到今天依舊按照該組織理念營運良好，並依然是世界上最先進的牽引機總裝系統。

但是，「工作的人性化發展」專案成果大多數不是如此全面、可持續的解決方案。原因可能在於這個專案具有社會政策背景，而與企業的聯繫通常是不清晰或者脆弱的。

「工作的人性化發展」專案及其後續專案的研究與發展可自行決定是否引入沿用至今的重要的知識與方法。

▶工作中學習

進入 21 世紀後，促進學習式工作組織機構在另一個背景下討論，即德國聯邦教育與研究部（BMBF）「培養能力提升式學習文化」專案。

「工作的人性化發展」專案主要研究社會政策方向，而「培養能力提升式學習文化」專案擔負教育政策目標。該專案的起源及動機是找尋除傳統的、正式的教育機構外的其他繼續教育機構，以實現終身學習。非正式教育的形式受到較高關注。人們希望，通過非正式教育作為在（繼續）教育機構學習的補充，能夠激發更多的潛力。

第一，能力或者技能易於在非正式學習環境中獲得。約翰‧爾盆貝克（John Erpenbeck）將能力定義為「自我組織」因素。而資質則涉及既定的、要求高的情景（工位或者作業），此時能力是讓我們可以處理不確定的、新的、非結構化情景的技能。這類能力通常在實踐中獲得。

第二，非正式學習減少知識傳授過程中的問題和麻煩：因為學習和應用的背景一致。

第三，只要由非正式學習獲得的知識有效、可被接收、被正式認可，那麼非正式學習提供更多的繼續教育機會。

第四，也是最後一點，非正式學習效率高：不僅限於工作之外的學習，而更多的是（當然，在「促進學習式作業」的前提下）工作時間同時學習。

圖1-3展示了「培養能力提升式學習文化」研究及發展專案的基本結構。「在工作中學習」這裡除了其他形式的非正式學習（在社會中或者數位媒體中）以外，還包括在繼續教育機構開展的正式以及非正式學習。

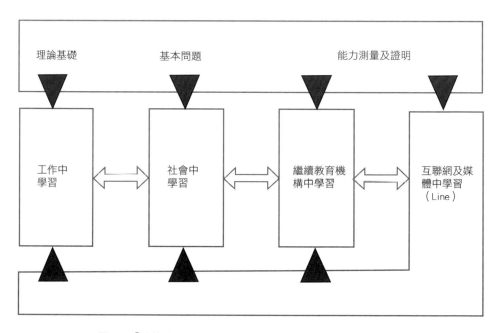

圖1-3 「培養能力提升式學習文化」研究及發展專案的基本結構

小檔案／正式與非正式學習

正式與非正式學習相比，區別在於：正式學習結束後會獲得公認的證書（如高校畢業證書）。這兩種學習形式的共同點是：都在教育機構中進行，從而使二者有別於其他非正式學習。

「培養能力提升式學習文化」專案推進「在工作中學習」領域的各種研究。最值得一提的研究是通過以往的經驗營造促進學習的工作環境。這類研究的成果遠超於「工作的人性化發展」專案所獲的知識。同時，這些成果為建立一個「適合工程師」的工業領域工作系統奠定基礎。下文將回到這點進行討論。

「在工作中學習」專案的缺點在於，研究和發展與應用各行其道。研究主要關注建立可在工作中學習的工作形態，而在發展時期，基本不涉及工作形態的實際構造。這點首先涉及企業的人事部及培訓部。而真正實施工作形態構造時，技術規劃部、工業工程部或者資訊技術部門也扮演著不可缺少的角色。

「在工作中學習」專案對構造促進學習式工作形態的主要貢獻在於制定出基本的、面向未來的、應用性強的建立促進學習的工作環境以及提供該系統的構造參數。

▶創新型工位──工作及創新能力

近期，出現了有別於社會或教育政策背景的促進學習式工作形態新視角──創新。

從創新角度做出的研究顯示，用於分析企業創新能力的科研經費不足、高資歷員工過少。真正的創新力需要全體員工以及各個營運部門具有足夠高的能力。而這也是生產、設計、發展及研究之間相互交流的前提。即使是通過持續優化而進行的流程革新也需要各參與部門能力足夠。而這些能力（從「在工作中學習」專案角度考慮）不僅僅、甚至不是主要通過正式的（繼續）教

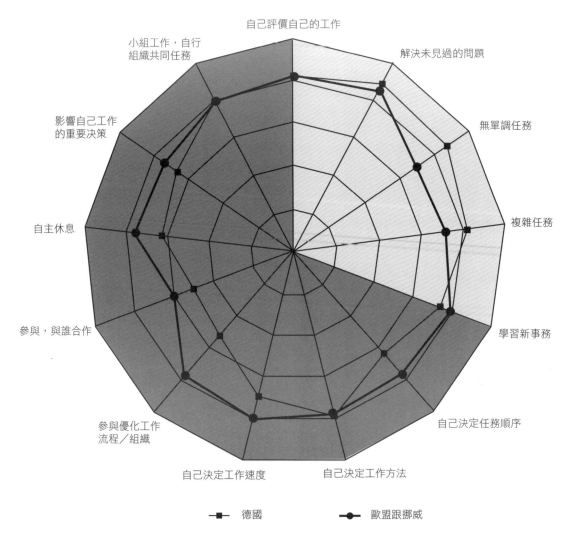

圖 1-4 促進學習式工作組織機構作為結構資本的元素

育獲得。更重要的是在工作中學習，通過促進學習的工作組織機構實現。

因此，德國各州的促進學習式工作組織機構與其創新能力（通過例如創新者所占比例展示）之間有著重要聯繫。這種聯繫比與高資歷員工（學者）所占比例（評價創新力的常用評分標準）的關係更加緊密。

圖 1-4 展示德國與歐洲平均水準在針對促進學習式組織機構的 iit（創新與技術研究所）創新力指標對比數據。共分為兩個維度：處理範圍和任務複雜度。上文所述的促進學習式工作環境指標體系也含有類似的維度。任務複雜度可參考（等級式）任務完整性來進行評價。

如圖 1-4 所示，德國的「處理範圍」維度低於歐洲平均水準，而「任務複雜度」則高於歐洲平均水準。但是需要明示一點，在評價創新力方面，「任務複雜度」明顯要比「處理範圍」這個指標更為重要。

在 iit 指標中，促進學習式工作組織機構融合一套有理論基礎並通過實踐證明的創新力方案。該方案將創新力分為四個部分。第一部分是企業所擁有的專業知識（人力資本）；第二部分是專業知識的多樣化以及將其應用在複雜產品生產中的能力（複雜度資本）；第三部分是企業結構，用於保障在研發以及生產過程中收穫知識（結構資本）；最後一部分是聯合外部知識源，例如研究及教育機構（關係資本）。此處，將促進學習式工作組織機構（作為結構資本的重要元素）融入企業甚至國民經濟創新力大方案之中。

▶總結及願景

對促進學習式工作組織機構的三個發展階段的研究收穫良多。「工作的人性化發展」專案提供了理論及方式基礎，且至今對分析及構造促進學習式工作

系統有所影響。「在工作中學習」專案補充了更多方法，用於制定促進學習式工作環境的具體參數。近期開展的關於「創新工位」的研究工作更是明確了：促進學習式工作系統並非創新力、以及由此帶來的技術及經濟競爭力的邊緣因素，而是其中心因素。

未來將要面臨兩大挑戰。一是要將所獲得的知識（如通過「在工作中學習」專案中所學到的）用於分析及描述促進學習式工作模式，應用在工業領域建構真實的工作系統。德國聯邦教育及研究部資助的專案「工業 4.0 時代工程化及普及化促進學習式工業領域工作系統（ELIAS）」需完成這個任務，並於 2013 年末接受這項工作。除了企業、研究機構（尤其是德國亞琛工業大學）以外，德國 MTM[註] 協會是參與專案的重要工業工程組織機構。在德國，約有 300 萬人在依據 MTM 方法建構的工作系統內工作。這也就意味著，對未來專案結果的傳遞潛力以及槓桿作用不容忽視。

另一個問題麗薩尼 · 班布里奇（Lisanne Bainbridge）早在 30 年前就已提出，至今並未解決。她的著作「自動化的諷刺」（自動化進程兩難困境）展示了在自動化工作系統背景下，促進學習式工作形態所遇到的障礙。

下面主要講述該困境的核心——「自動化的諷刺」。流程的自動化通常導致人類的任務僅剩監控自動工作的流程。在罕見的情況下，自動化系統能力不足，人工必須參與。此時的問題在於，操作工人出於各種原因沒有能力應對這種狀況。一是狀況要求特殊：如果要求特別苛刻，自動化機械將不足以掌控當時狀況。二是人工原因，因為人工可能不能理清現狀，也不能及時分析狀況並找出可能的處理方式。三是人工理解自動化系統及其周邊的基本能力，

（譯註：MTM 即英文 Methods-Time Measurement 的縮寫，直譯為方法——時間測量。）

由於本身較少主動參與系統控制，隨著時間的推移將越來越差。因此，一個「諷刺性」的窘境就產生了：人工「監控者」由於自動化進程逐漸不再能夠勝任監控自動化系統的工作。

資訊物理系統通過新型收集、處理以及視覺化（可視化）流程資料的方法，保證使用者「知曉狀況」，從而補救這個問題。本書後文的其他作者，尤其是安德雷亞斯 ‧ 呂特克（Andreas Lüdtke）以及本德 ‧ 卡爾楔（Bernd Kärcher），將詳細描述這類方法。

參考文獻

Bainbridge, L. (1983). Ironies of automation. *Automatica*, 19(6), 775-779.

Bergmann, B., Richter, F., Pohlandt, A., Pietrzyk, U., Eisfeldt, D., Hermet, V., & Oschmann, D. (2004). *Arbeiten und Lernen*. Münster: Waxmann.

Bieneck,HJ.Humanisierung des Arbeitslebens-ein sozial-und forschungspolitisches Lehrstück. *Zeitschrift für Arbeitswissenschaft*, 63(2), 112-115.

Blum, U., & Hartmann, E. A. (1988). Facharbeiterorientierte CNC-Steuerungs-und-Vernet-zungskonzepte. *Werkstatt und Betrieb*, 121, 441- 445.

CEDEFOP (2012). *Learning and innovation in enterprises*. Research Paper No. 27. Luxembourg: Publications Office of the European Union.

Colardyn, D., & Bj rnavold, J. (2004). Validation of formal, non - formal and informal learning: policy and practices in EU member states. *European Journal of Education*, 39(1).

Duell, W., & Frei, F. (1986). *Leitfaden für qualifizierende Arbeitsgestaltung*. Köln: Verlag TüV Rheinland.

Emery, F. E., & Thorsrud, E. (1976). *Democracy at work. The report of the Norwegian Industrial Democracy Programme*. Leiden: Nijhoff.

Emery, F. E., & Trist, E. L. (1960). Socio - technical systems. In C. W. Churchman & M. Verhulst (Hrsg.), *Management. Sciences, models, and technics* (S. 83-97). New York: Pergamon Press.

Erpenbeck, J., & Sauer, J. (2001). Das Forschungs und Entwicklungsprogramm,, Lernkultur Kom petenzentwicklung". *QUEM-report-Schriften zur beruflichen Weiterbildung*, 67, 9-66.

Frieling, E., Bernard, H., Bigalk, D., & Müller, R. (2006). *Lernen durch Arbeit - Entwicklung eines Verfahrens zur Bestimmung der Lernmöglichkeiten am Arbeitsplatz*. Münster: Waxmann.

Hacker, W. (1973). *Allgemeine Arbeits – und Ingenieurpsychologie. Psychische Struktur und Regulation von Arbeitstä tigkeiten*. Berlin: VEB Deutscher Verlag der Wissenschaften.

Hartmann, E. A. (1995). Specifying requirements for human-oriented technology in tractor manufac-turing. In *Proceedings of the international symposium on human oriented manufacturing systems*. Tokyo: Waseda University.

Hartmann, E. A., & Garibaldo, F. (2011). What s going on out there? Designing work systems for learning in real life. In S. Jeschke, I. Isenhardt, F. Hees, & S. Trantow (Hrsg.), *Enabling innovation: innovative capability - German and international views*. Berlin: Springer.

Hartmann, E. A., & von Rosenstiel, L. (2004). Infrastrukturelle Rahmenbedingungen der Kompetenzentwicklung. In Arbeitsgemeinschaft Betriebliche Weiterbildungsforschung (Hrsg.), *Kompe-tenzentwicklung 2004*. Münster: Waxmann.

Hartmann, E. A., Fuchs - Frohnhofen, P., & Brandt, D. (1994). Designing CNC - machine tools to fit the skilled workers at the individual workplace and in group work. *In Proceedings of the international federation of automatic control (IFAC) conference: integrated systems engineering*, Baden-Baden, 27. - 29.09.-1994.

Hartmann, E. A., von Engelhardt, S., Hering, M., Wangler, L., & Birner, N. (2014). Der iit Innovationsfähigkeitsindikator - Ein neuer Blick auf die Voraussetzungen von Innovationen, *iit Perspektive* Nr. 16, online: http://www.iit - berlin.de/de/publikationen/der-iit-innovationsfaehigkeitsindikator.

Henning, K., Volkholz, V., Risch, W., & Hacker, W. (Hrsg.) (1994). *Moderne LernZeiten*. Berlin: Springer.

Locke, R. M. & Wellhausen, R. L. (Eds.) (2014). *Production in the innovation economy*. Cambridge: MIT Press.

Lorenz, E., & Valeyre, A. (2005). Organisational innovation, HRM and labour market structure: a comparison of the EU15. *Journal of Industrial Relations*, 47, 424-442.

OECD (2010). *Innovative workplaces: making better use of skills within organisations*, OECD Pu - blishing. http://dx.doi.org/9789264095687-en.

Staudt, E., & Kriegesmann, B. (1999). Weiterbildung: Ein Mythos zerbricht. In E. Staudt (Hrsg.), *Berichte aus der angewandten Innovationsforschung* (Bd. 178). Bochum

Promotorengruppe Kommunikation der Forschungsunion Wirtschaft Wissenschaft - (Hrsg.) (2013). *Deutschlands Zukunft als Produktionsstandort sichern - Umsetzungsempfehlungen für das Zukunftsprojekt Industrie 4.0. Abschlussbericht des Arbeitskreises Industrie 4.0*. Online: http://www.bmbf.de/pubRD/Umsetzungsempfehlungen_Industrie4_0.pdf.

Trist, E. L., & Bamforth, K. W. (1951). Some social and psychological consequences of the Longwall method of coal - getting. *Human Relations*, 4, 3-38.

Ulich, E. (1978). Über das Prinzip der differentiellen Arbeitsgestaltung. *Industrielle Organisation*. 47, 566-568.

Volpert, W. (1974). *Handlungsstrukturanalyse als Beitrag zur Qualifikationsforschung*. Köln: PahlRugenstein.

Wessels, J. (2009). *Nationale und internationale Wissensbest nde zum Lernen im Prozess der Arbeit (LiPA), Expertise im Rahmen des Internationalen Monitorings zum Forschungs-und Entwicklungsprogramm,, Arbeiten -Lernen-Kompetenzen entwickeln-Innovationsfähigkeit in einer modernen Arbeitswelt"* online: http://www.internationalmonitoring.com/fileadmin/Downloads/ Experten/Expertisen/Expertisen_neu/Expertise_Wessels.pdf.

2

第二章

工業 4.0 時代
未來工作的展望

工業 4.0 是不是第四次工業革命或者工業的近一步進化，並
不是重點。工業 4.0 的核心元素是多種資訊物理系統共同作
用的「智慧工廠」願景圖。簡單來說，資訊物理系統將把
生產、物流、工程、管理以及互聯網服務等多種流程結合
起來。

本章重點

工業 4.0 背景下的工作

應用工作學協會的預期

克勞斯─德特勒夫・貝克
（Klaus-Detlev Becker）

在工業 4.0 時代，隨著工作內容及任務產生變化，對工作者知識、才幹、技能、能力也都有了新的要求。現在看來，對靈活度、抽象度、問題解決能力、獨立處理、溝通能力以及自我組織能力的要求尤為突出。

▶我們是誰？

應用工作學協會（ifaa）是將理論與實踐結合的研究機構，主要研究工作學以及企業組織。協會研究重點是提升企業生產率，從而保障德國經濟的競爭力。

應用工作學協會分析企業流程，研究作用關係，展示工作及企業組織機構並擬定和企業相關的、經實踐驗證的產品及服務。

在「工業 4.0」主題下，應用工作學協會現在正收集自動化與企業資源聯網普及化案例，並評估其對勞動者的影響。不同於前一段時期熱議的「CIM（Computer Integrated Manufacturing，電腦集成製造）」目標，工業 4.0 的「願景」融入了互聯網以及移動資料設備的使用。

應用工作學協會分析並伴隨觀察（與雇主協會緊密合作）企業的實施情況，促進問題的資訊交流，並給企業提供支援。同時我們注意到，工業 4.0 是一

種長時期的發展，現在還停留在初步理論及實踐階段，全面推廣（如專家估
計的那樣）預計在 2025 ／ 30 才能實現，屆時，工業 4.0 將成為企業的常態。

▶工業 4.0——工作競爭力的機遇

德國信息產業、電信和新媒體協會（BITKOM）、德國機械設備製造業聯合
會（VDMA）、德國電子電氣製造商協會（ZVEI）三個工業協會相互合作，
組建「工業 4.0 工作組」，制定「面向未來的工業 4.0」專案實施建議。專案
參與者的目標是，積極參與工業 4.0 的發展（工業 4.0 是不是第四次工業革命
或者工業的近一步進化，並不是重點）從而強化德國的經濟地位。工業 4.0
的核心元素是多種資訊物理系統共同作用的「智慧工廠」願景圖。

簡單來說，資訊物理系統將把生產、物流、工程、管理以及互聯網服務等多
種流程結合起來。通過感測器，系統收集獨立的資料，通過數位服務進行資
料交換，並有能力基於已處理過的資料開始作業，相互自主控制。加上勞動
者發揮其創新潛力，各工業流程從根本上得到優化。除了許多其他的作用以
外，工業 4.0 還協助應對當下人口變遷帶來的挑戰。

尤其是通過資訊物理系統中的協助系統，可使工作強度降低、所需人工適當。
對於缺乏專業人士的重要問題，通過協助系統可使有經驗員工的生產率作用
時間更長。機械設備承擔單調或者繁重的工作，而人工則負責創新、創造價
值的工作，由此長期提高效率。但這並不意味著，企業員工以後僅負責創新
工作。只不過員工須完成的造成（身體或精神上）負累的工作量減少。

另外，簡單的工作繼續存在，並且希望通過工業 4.0，這些簡單的工作可以創
造更高的價值。如此一來，可以保證不同難度的工作依舊具有競爭力，而德
國的競爭力也因此保持。

首先，一個具有競爭力的工作需要一個靈活的工作組織機構。通過該機構，員工可以將工作、私生活以及培訓更好的結合起來，以平衡工作與家庭之間的關係。

提出執行建議的作者也指出，其他國家也意識到工業生產可利用物聯網及服務互聯網化的趨勢。

為了保持並進一步加強競爭力，須盡力實踐願景。競爭力問題不僅取決於工業 4.0 時代的技術或組織構架，而是將它們在企業中實踐，實現以更低的成本、更高的效率完成更多的產量。出於對投入的擔憂、產出的不確定，企業對工業 4.0 跚躕不前。為了解除疑惑，須在不同的工業領域實施見效快的解決方案。應用資訊物理系統的智慧工廠展示出未來維持德國工作競爭力的發展路線，尤其是在鋼鐵、電器領域，應用涉及面廣的客戶—供應商戰略以及高效生產系統架構。

▶智慧工廠的工作組織及其形態

在未來的智慧工廠，人類依舊是最重要的生產因素。因此，工作流程須考慮技術、組織、社會條件是否適當。

工業 4.0 專案實施建議作者之一徐特（Schütte）也指出這一點，他認為創新並不僅僅倚賴於克服技術挑戰，而是要持續關注工作組織機構智慧化以及人員能力培養。在工業 4.0 進程中，人員能力將在資訊物理系統的建構、應用以及盈利方面扮演重要角色。在「開放、資訊工作平臺以及人機、人與系統互動全面化」的框架下，個人發揮其作用的方式方法將發生變化。但是，總體上來說，人類還是承擔規劃、控制、執行等靈活工作。工作內容、任務、

流程以及環境條件肯定會因此受到影響。而對工作關係形態具體產生哪些影響、提出哪些要求，將通過廣泛地實踐體現出來。當然，對勞動者專業性以及時空的靈活度要求也會有所變化。

協助系統，人與技術新的交流、互動、合作形式，以及由此產生的工作結構與用於掌握持續更新的資訊物理系統的終身教育，為提高勞動者身體及精神上的績效能力提供了前提。績效能力取決於人本身的屬性，如體格及健康以及人類通過自己的行為，如何與自己相處而產生影響的能力。

個人的生活方式以及終身教育都對此有所影響。如今，大眾已經認可：個人生產率不取決於日曆年齡，而是生理年齡。人類老化速度各不相同，同齡人的能力總體隨著年齡增長遞減；身體及心理能力隨年齡而改變。有些能力隨著年齡的增加減少，例如：肌肉力量、視力；有些能力基本保持不變，例如：語言能力、判斷能力。

企業及勞動者對此類改變的方向和速度有很大的影響。而工作形態也提供各種獲得以及提升身體及精神能力的機會。例如在工業 4.0 背景下，可以通過人機合作分配工作、以及使用協助系統。將人工從單調、繁重的工作中解放出來，工作負重改革或者終身學習也是可選方法。未來，各個企業將如何選擇資訊物理系統的應用方法，主要取決於企業營運條件。

技術協助系統及人機合作的方式方法不單通過技術決定。企業營運形態與人機合作方式是工作組織機構以及形態的實踐產物。當然，公認的工作學原理和工作保護相關法律法規是基礎。此外，企業營運、人口、市場、經濟、技術及結構性產品也都是整個形態流程的影響因素。

建構資訊物理系統的目標是：提高與客戶期待與願望相關的靈活性。技術靈活性、根據產量需求靈活安排營運及工作時間，都作為實現該目標的前提。此外，還需要長期的伴隨研究，尤其是將通過遠端控制、遠端操作、遠端維護實現的調研機會融入進來。

▶強化培訓、終身學習

在工業4.0時代，勞動者工作內容及任務都產生了變化。因此，對勞動者知識、才幹、技能、能力的要求都產生了變化。現在看來，對靈活度、抽象度、問題解決能力、獨立處理、溝通能力以及自我組織能力的要求尤為突出。為了應對變化的要求，需要勞動者接受培訓。除了傳統培訓方式，需要強化培訓與崗位相關的、自主式培訓。在工作中學習，包括研發適合的工具及模組，將持續影響企業的培訓戰略。未來，終身學習的必要性要比現狀突出許多。

資訊物理系統中的人機合作及協助系統的使用，不必對所有上述改變要求的情況起作用。工業 4.0 專案實施建議作者描述可能的發展趨勢：「技術融合度越高，靈活度、激烈程度越高，且資訊世界與自己的經驗越衝突。那結果就是：失去處理事物能力，由於工作的去實物化、業務及工作流程的資訊化對自己的工作日漸陌生。」

現在很難準確判斷，人與機器到底誰來決定企業的發展。但是具體的要求決定解決方案。簡單的更新現在的解決方案並應用於未來，遠遠不夠。因為這存在潛在的兩個對立面：

- 更高的靈活度、抽象度以及問題解決能力要求
- 可能失去（必要的）問題處理能力

展現了工作形態未來兩種可能：一種是高要求、複雜的工作任務（技術、技藝、經濟、IT 要求等），另一種是簡單的任務，可以在現代化工作社會給能力有限的勞動者提供工作機會。這兩個對立面比例如何分配，將通過今後的發展得出。關於這一點，「工業 4.0」專案實施建議作者也表示同意：「技術提供了兩個方向發展的選擇。系統布局既可以是嚴格的，總控的微觀控制，也可以是開放式的資訊基礎平臺、由勞動者來做決定。換句話說：不是技術或技術難題決定工作品質，而是設定並執行智慧工廠的科學家和管理者。」現階段眾所周知的影響因素有：專業人士缺口、跨國合作關係、成本結構、靈活度要求及機遇等。

工業 4.0 不僅從培訓及繼續教育方面提高了終身學習的要求，也影響了學術教育以及資質培訓。不難推斷，通過研發者和應用者的長期合作，資訊和通訊技藝流程、生產及自動化技術以及軟體（軟件）之間的界限將模糊。而為此需要一個流程，用於在工業 4.0 進程中不斷突出這一點。

「工業 4.0 應用的多樣性顯示出標準化培訓的限制。與生產工業的對話越來越重要，以瞭解數位化經濟對培訓的要求。未來，企業與高校間在培訓方面的合作更加緊密。在密集式初級大學教育結束後，應開始企業實踐以及深入教育。此外，應解除自然科學與工程學的界限，並進一步融入如管理學或專案控制一類的跨專業能力。」

工業 4.0 相關的教學內容，就學術教育以及與工作相關的培訓與繼續教育而言，工業 4.0 專案實施建議作者認為現在還停留在綜述階段。因此，須持續將培訓內容與要求對比，以獲得參與生產流程的所有角色的概況與相關資訊。但是，在資訊物理系統背景下，仍需保留簡單易學的工作任務。

▶資訊物理系統對比生產系統

沒有運行良好的生產系統，資訊物理系統形態將很可能運行受阻、效率受限。生產系統作為整體控制系統「須持續專注企業目標的實現。將研究增值鏈上的所有的活動，包括供應商及客戶。」

對企業的挑戰在於，根據企業的自身情況，不斷重新定義、不斷探索生產系統的元素及方法。運行生產系統而收穫的經驗可用於資訊物理系統的研發與應用。重要的是：首先分析過程，發現並消除浪費，然後定義工作系統及流程的標準，檢驗並調試條件的變更。

在資訊物理系統中的生產系統應該可以自主應對突發事件。「智慧機械與人類創新能力的合作將持續減少生產過程中由組織機構帶來的損失。為此，生產工人將通過移動式協助系統提供相關的生產績效最新資料，作為持續優化的決策基礎。」資訊物理系統與當下的生產系統並無競爭關係，而是為決策提供輔助、提高效率。所以，現在實施生產系統的活動為工業 4.0 創造了重要的前提條件，用於確保並提升企業的競爭力。

參考文獻

Kagermann, H., Wahlster, W., & Helbig, J. (Hrsg.) (2013). *Deutschlands Zukunft als Produktionsstandort sichern - Umsetzungsempfehlungen für das Zukunftsprojekt Industrie* 4.0 - Abschlussbericht des Arbeitskreises Industrie 4.0. April 2013 http://www.hightech strategie.de/files/ Umsetzungsempfehlungen_Industrie4_0.pdf.

Krichel, U., Reichel, F. - G., Neuhaus, R., & GESAMTMETALL, ifaa (Hrsg.) (2013). *Neuausrichtung der betrieblichen Organisation auf ein Produktionssystem. Gestaltungstechnische und arbeitsrechtliche Einführungshinweise für M+E Betriebe.* Köln: IW Medien.

未來的自動化之路

烏爾裡希・波鴻
（Ulrich Bochum）

工業 4.0 意味著應用於智慧工廠生產的新邏輯與品質。智慧產品在生產系統中擔任自主角色。它們與機器、工人以及其他系統元件（如生產控制技術）進行交流，以一個自主的非人工生產要素完成其任務、參與控制生產流程。

▶工作的人性化發展及 CIM 前提條件

關於工業 4.0 時代工會問題的討論，德國金屬工業工會（IG Metall）內部再次將工會政策及工作政策議題提上日程。德國金屬工業工會認為，工業 4.0 這個概念將開啟工業發展的新階段，提供將生產流程理性化、並進一步調整的新機會。這既涉及在「智慧工廠」中進行交換的零件數位資訊，也涉及增值鏈的數位化——即大型生產商與其供應商之間的關係。德國金屬工業協會主席將此稱為新型企業，並呼籲同一金屬行業企業相互合作，回應「為我們的行業、我們的產品」號召。

德國金屬工業工會關於自動化問題的爭論歷史已久[註]，因此，在討論工業 4.0 問題時，仍需回顧歷史上工業自動化進程的不同階段。

（譯註：例如 20 世紀 60 年代德國金屬工業工會自動化大會，由當時的自動化部門負責人君特・弗里德里希（Günter Friederich）組織。）

尤其是工業 4.0 時代工作的人性化發展（HdA），須回顧歷史，批判性地評價其目標及結果。儘管這個專案在 20 世紀 60 年代作為泰勒式理性化進程實施的反應，使得生產及製造流程「大規模去人類化」，但是當時這個專案並沒有大的收穫。在企業中，該專案由於「上面」管理層的介入，不被接受。

蜜雪兒・舒曼（Michael Schumann）作為當時參與的工業社會學家對此做出如下總結：「HdA 專案政策未足夠地從勞動者角度設置問題重點、思考解決方案。即使內容上行得通的結構方案，所獲得的支持也有限，並在眾多質疑及反對中完成——儘管該方案是為了維護勞動者利益而制定。」

約格・霍夫曼（Jörg Hofmann），德國金屬工業工會第二主席，也作出不樂觀的結論，對於他來說，已經輸了在企業中的工作變革之仗。「企業委員會無能力應對多方參與的改革方案，因此反對。即使成功展示泰勒式工作組織機構其他方案，工作具體優化效果依舊有限——雇傭雙方均不聲援支持。」

在工業生產流程大力引入微電子控制技術後，關於工作政策、形態討論再次活躍起來。哈特曼（Hartmann）把這趨勢稱為「野心勃勃的技術大浪潮」，並在 20 世紀 80、90 年代通過電腦集成製造（CIM）席捲企業。以中央控制的 CIM 替代人工，實現「無人工廠」的嘗試，終告失敗。但是，CIM 理念中某些元素在實際營運中固化下來：比如，從設計到生產的數位化資料傳輸；通過 SAP 系統把生產規劃、控制系統、直至企業資源總控系統連接起來。

小檔案／SAP

SAP 為 Systems, Applications and Products in Data Processing 的簡稱，直譯為「數據處理過程中的系統、應用和產品」，是 SAP 公司的產品——企業管理解決方案的軟體名稱。

對於電腦支援的生產系統對工作及作業結構的影響，希爾世－克萊森（Hirsch-Kreinsen）認為，當時的自動化並非替代生產工作，而是一方面保留了大量簡單的、需手工完成的工位及作業，或者作為「休息式工位」承擔填補空隙的作用。如果提高生產中流程的複製性及透明度，會減少迴旋餘地、降低操作者資質要求。另一方面，出於對如規劃、控制、監控等保障性工作的考慮，智慧生產變得越來越重要。

從工會的角度觀察，20世紀90年代引入小組作業（尤其是在汽車工業）作用積極。在這樣的背景下，產生了「後泰勒主義」生產理念，另一種理性化邏輯。「與追求工作流程標準化以及降低操作者資質要求的泰勒主義不同，通過小組作業、結合員工自身的知識及經驗，將實現生產流程的自我優化。」通過（部分自主的）小組自主權的擴展，工作滿意度應得到提升，激勵員工對工作更加投入。

德國金屬工業工會支援此類理念，與「工作的人性化發展」專案不同的是，企業也想引入小組作業結構。但是，這種變革進展很慢，因為「小組作業的理念不屬於社會大討論中（德國金屬工業工會及社會工作學研究均未涉及）所以缺乏變革的力量。精益生產作為另一方案，成為主導方向並確定了思維及措施框架……」

但是，不容否認，對引入小組作業的討論在眾人研究精益生產的時期進入高潮，因為對德國汽車工業開展小組作業的調研顯示，所有生產商都對這種模式感興趣，並參與實施。最終沒有成功的原因在於：「在小組作業的框架下，為了提高效率對勞動力靈活度的要求顯著提高，而勞動力因此受到剝削。」

這通常都隱藏於汽車生產商提出的方案之中，並非特設的增加生產工作的戰略。更多的是利用勞動者提高生產率、完成生產流程的自控潛力。

不過，該時期還是展示了通過資訊及通訊技術支援的生產系統未來的發展方向。希爾世－克萊森將其視為當下工業 4.0 時代自主生產理念的先導系統，並將當時獲得的工作發展趨勢的經驗作為在工業 4.0 時代下進一步發展的連接點。在這個時期，也產生了應對電腦集成製造的兩個對立方案：一是以技術為中心的自動化方案，人工只起彌補輔助的作用（處理殘餘工作）。二是互補式自動化方案，將任務分配給人和機器，使整套系統運行良好。「這就需要從完整的或協助式的人機互動視角，識別出人類以及機器各自的優勢、劣勢。」

▶工會對工業 4.0 的理解

工業工會，尤其是德國金屬工業工會，將工業 4.0 視為工業發展的新階段，同時提到新型聯網方式帶來的人機介面（接口）新理念。這種發展帶來對新型工作組織結構、新工位元形態的需求。專業技能也將逐步失去其價值。

「以工具製造為例，現在還有很多受過傳統教育的勞動者從業，他們嫻熟機械、甚至機電技術。但是很少人懂得軟體或者資訊技術。這不僅是生產的問題，在研發、服務、銷售、物流等各個部門從業的技工及工程師身上，這個問題也越發突出。」但是，霍夫曼也看到了這個發展趨勢所帶來的機遇：企業不斷受到有效利用資源、持續創新流程的壓力，而這兩點都要通過將勞動者融入進來，給他們更大的發揮空間來實現。

在一次與特魯姆夫機械製造股份公司（Trumpf AG）人力資源部總負責人史蒂芬‧瑞格勒斯基（Stefan Gryglewski）的對話中，霍夫曼也強調了工業 4.0 帶來的機遇。「通過技術以及分散控制原則，一些勞動力得到了解放。無論

是對與年齡相關的工作、培訓過的小組工作、還是新型（有益於勞動者的）人機交流上。」

▶智慧工廠——培訓新要求

對於康斯坦斯·庫爾茨（Constanze Kurz，德國工業工會董事會「工作的未來」部門部長）來說，工業 4.0 意味著應用於智慧工廠生產的新邏輯與品質。「智慧產品（以及／或者智慧載物工具與無人駕駛運輸工具）在生產系統中擔任自主角色。它們與機器、工人以及其他系統元件（如生產控制技術）進行交流，以一個自主的非人工生產要素完成其任務、參與控制生產流程。」

此外，智慧產品、機器、生產資料之間可以自主進行資訊交換，並即時相互監控。雖然這一切還未直接實現，但很多技術已經可行。庫爾茨也看到了即將到來的工業新時代，也對勞動者在工業 4.0 系統中的位置提出疑問。

她認為，勞動者並非消失，而是扮演其他的角色。勞動者既包括在生產領域、又包括在研發部門從業的人員。「具體來說：學徒、專業工人、工程師、技工以及商務人員需要面對複雜度、問題解決難度、學習能力，尤其是靈活度要求顯著提高。這就需要增加概覽性的知識，深入理解眾人之間的合作。」

在聯網不斷擴展的背景下，不僅是專業能力，社交以及跨專業能力也十分重要。簡言之：由於生產技術、自動化技術以及軟體的共同發展，更多的工作將在一個技術化、組織化、社交化、廣泛化以及靈活化的情景下完成。」

提及培訓要求，先要對生產工作進行「再次培訓」，因為勞動者將擔任問題解決人以及決策人的角色。這也就啟發了隨著自主責任擴大，工作、合作以及參與治理的提高而帶來的工作關聯。庫爾茨也強調了發展的矛盾性，因為

隨著 IT 技術的不斷擴張與融入，「可以進一步減少工業製造流程中簡單的、
人工的作業。」但是，在製造上減少的工位是否能通過規劃及服務領域彌補，
還不得而知。因為並不排除發展成為數位化的新型泰勒主義 4.0。庫爾茨認為
這種發展不能正常運作，因為高度複雜的問題需要人類的參與。此處便出現
了「自動化的諷刺」問題（「工業流程的自動化可能給人工作業帶來更多問
題，而非減少問題」），並急需創新的工作組織方案。

庫爾茨認為，方案應該促進學習，而分散式自主管理（包括廣泛的工作任務、
靈活度高的措施以及緊密合作）實現整體增值鏈上人工與／或機械作業系統
的交流及互動。為此，需要思考如何將合作式學習及工作流程加入原來的職
能與部門結構並固化下來。

庫爾茨還認為，通過工業 4.0 將再一次突出終身學習這個主題。相應地，也
應開發出貼近工位的、全面的培訓措施，用於包括工程師在內的所有從業者。
術語「創新型工作政策」作為 20 世紀 80 年代新生產理念的延續，其含義如下：
基於自主的、擴展式形態構造方式，輔助以績效規則，允許員工更多參與，
企業更民主。

▶工業 4.0 作為社會技術系統

人類的工作及資質在未來依舊起著重要的作用，這個觀點也獲得工程經濟領
域多個研究支持。一次由弗勞恩霍夫工作經濟及組織研究所（Frauenhofer
IAO）進行對企業及專家的訪談結果顯示，97% 的被訪者認為：人類的工作
在未來的五年重要甚至很重要。如圖 2-1 所示（見第 46 頁）。

「還有一點要明確：生產以及與生產相關的工作將改變。所有問題就在於，
未來的工作是什麼樣子。」

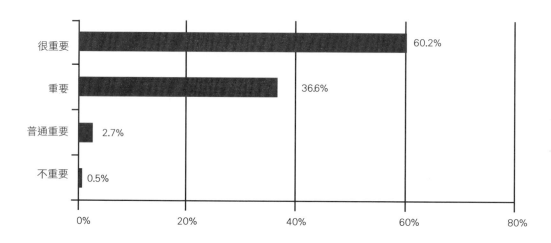

圖 2-1 訪談結果　　　　資料來源：Spath,《工業工作的未來－工業 4.0》,2013。

庫爾茨以及其他工會成員指出，與早期的數位化技術理念不同，現今存在關注人類與社會元素的介面點。「具體而言：將工業 4.0 理解為社會技術系統，為了順利實施，該系統既需要技術、又需要社會基礎設施。」

此外，庫爾茨援引由幾個工業協會（如 ZVEI、VDMA、BITKOM）、德國工業聯合會（BDI）、德國工會聯合會（DGB）參與的工作組提出的建議。其中涉及實施的建議指出：不僅是技術、經濟、法律因素以及競爭力導向起作用，更需要確保將勞動者結構化融入創新流程之中。

「變革的成功（勞動者對其正面評價）除了依靠全面的培訓及繼續教育措施，還需要適當的工作組織機構及形態模型。此類模型自主度高，結合分散式指導及控制形式。」

勞動者應獲得更大的決策及參與空間，並有可能參與控制勞動量。尤其是在人口變遷的背景下，需要更好的利用人力資源，以保持生產率。為此，需要創造條件，將年老的從業者融入工業 4.0 變革中。此處涉及的關鍵字比如：健康管理及工作組織機構，學習及成長模式、團隊組成。

雖然，工作形態方案現狀會更多地考慮社會因素，但是沒有確定方案以及以就業為導向的工作政策的具體形態。

可能依舊保留能力有限或者能力不符的勞動者，自我剝削情況可能加重，監控戰略可能加強對個體的監控。勞動者可能成為無人的資訊工廠中的微不足道的一部分。

因此，德國金屬工業工會看到了參與工業 4.0 的必要性，並從兩個層面表達其要求，先是從普遍的工作政策角度：

- 從抽象層面上來說：是人類應用系統，並非反過來
- 需要勞動者的參與，並對其進行定期培訓
- 不能出現棘手的雇傭關係
- 應根據智慧工作系統促進靈活性、學習及適應能力的發展

霍夫曼指出對以輔助人類為導向的輔助系統的具體要求，涵蓋以下幾點：

- 各種學習功能
- 工作有趣
- 以工效學為導向的解決方案
- 考慮員工年齡結構的工作形態
- 對殘疾人提供創新式支援方式

如希爾世－克萊森所強調的，這主要取決於在營運時引入新型組織結構與技術的方式方法。基於以往的調研結果，希爾世－克萊森推斷，技術管理中層將首先推動並追隨以技術為中心的系統。其目標是實現自己的技術構想，並避免與其他營運部門或企業委員會進行繁複的商討。引入工業 4.0 方案的同時，系統地把工作形態標準考慮在內，而這個過程將明顯更加繁複，並涉及許多營運部門。這樣才能實現「全面考慮營運需求、減少接受問題」的目標。

▶沒有擬定的自動化之路

卡爾楔（Kärcher，本書後文的作者之一）也強調，基本上有兩個引入自動化技術的選擇。並非「技術發展強迫企業做出二選一的決定。」企業可以自行決定未來的發展路線，可優先考慮企業經濟準則或是社會道德準則。

不過，卡爾楔認為在實施 CIM 框架下的嘗試性的自上而下戰略是錯誤的。在現在自主系統以及資訊物理系統作為主流發展趨勢的背景，研發更注重分散式自動化。

不同於「中心指揮橋」，現在存在一個「廣場」，在「廣場」上分散著自主系統並現場提出生產問題的解決方案。

因此，解決方案成為人類直接與機械直接互動的中心。未來的機器人可以與人類互動，並通過感測器（傳感器）避免碰撞。通過智慧的發展，機器可以協助人類完成工作，給他們減少負擔，比如完成總裝作業。「總的來說需要的是調整改變。人工不必獲得更多的技能，而是與現狀不同的技能。」

「調整改變」指的不是如何與自主新系統相處，而是一種總和作用。

卡爾楔還提到組織理念基礎，通過它決定了人工在整個流程中的角色。而這就涉及了一些問題，比如勞動者應當是操作者的角色，還是被操作的生產資源。應該提供並處理有關人工的資訊，還是為人工提供並處理資訊？人工技能是被替代還是被支援？通過自己的技術專案，卡爾楔做出如下總結：

- 盡可能在現場分散式建構並優化生產流程
- 人工技能為控制及優化的中心資源
- 技術系統為使用者的能力增強器

「須重視用戶已有的能力，把其視為中心。同時，分析及視覺化工具提供在工作中持續學習的機會。」

▶培訓要求及促進學習

工業 4.0 時代的培訓要求，由於應用尚未普及，並無基於技術路線的培訓要求。在該背景下，哈特曼（Hartmann）以及博文舒特（Bovenschulte）識別出工業 4.0 時代的培訓要求。

要求其中之一源於機械、電子、軟體因素的結合或者影響所有層面的系統。這就需要培訓「工業資訊技術工程師」，以及提供機會繼續培訓機電工人。對於高校教育，需要設計「工業認知學」課程。以及深入研究「自動化仿生學」。由於機器人系統與人類互動（人機互動）日漸頻繁，安全（作為跨領域能力）擔任中心角色。「在沒有確定的流程時，安全問題需成為流程的一部分，並應從安全角度重新考慮每一種情景。」

總而言之，實現人機交流需要將新型教育及繼續教育方案排上日程，因為通過此類教育及培訓才可以實現生產技術與軟體發展的融合、人才的跨專業培

養、促進學習式工作組織的建構，以及在工作中學習的理念。但是，通過數位化技術輔助的新型學習方式（與生產技術直接相關）還停留在幻想階段。

關於「促進學習」的意義究竟是什麼，繆布拉特（Mühlbradt）做了進一步研究。「促進學習」與在「工作中學習」相互聯繫。

任務分析成為「在工作中學習」的核心元素。任務分析先以粗略形式進行，再進一步細化。粗略分析把主要（最常見）的工作任務作為整體工作內容。以這種方法，將區分「任務多樣性」以及「任務可分析性」兩個維度。任務多樣性表示不同任務種類的數量，任務可分析性表示任務是否可以按照標準步驟分解。接下來，工作任務將根據這兩個維度的不同要求程度進行分類。

細化的任務分析，是仔細分析某個任務的學習內容。

對於簡單的工作，將把其作業流程分解為小的學習單元及工作步驟。同時，也會識別出為了實現如品質、生產率、安全等任務目標的關鍵點。此處主要將工作步驟的示範、觀察以及效仿結合起來。

複雜的工作是從認知要求以及激勵作用角度觀察，更能夠促進學習的工作。「如果工作因為這種方式複雜化，該工作的複雜程度可能達到只有通過自主控制的小組才能完成。」因此，部分自主的作業小組成為相應的工作組織。而這種工作形態，眾所周知，在德國企業中並不普遍。

繆布拉特依據相關專業書籍指出判斷工作是否「促進學習」，可依據以下幾個特點：

- 自主性
- 參與性
- 易變性
- 複雜性
- 交流性／合作性
- 回饋以及資訊
- 時間緊迫性（對促進學習的負面影響）

而自主性及複雜性是促進學習的主要維度。

繆布拉特進一步指出，工作心理學、組織機構研究以及工業工程理論研發出一系列用於構造促進學習式工作環境的方案。

從一系列普及工作機生產模式的（經驗）調研得出兩套促進學習最佳方案。其中一個是「學習形式」占比較大的生產模式，該模式借鑒瑞典社會技術工作組織模式。另一個是精益生產模式，同樣也注重生產過程中的學習，但是自主性占比較低。

基於上述兩個模式，繆布拉特研發出一套促進學習的綜合模式。如圖 2-2 所示（見第 52 頁）。

「工作內容學習」主要分析及建構工作任務，「以工作為導向的學習形式」包括具體步驟、方法及工具，用於支援在工作中學習——通過以工作為導向的教學法，融入或不融入資訊技術方法。在不同的工作中，才真正開始在工作中學習。在組織式學習中，以組織的學習目標為中心，以小組形式學習。

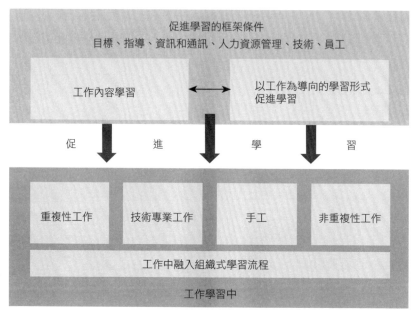

圖 2-2 促進學習綜合模式　　　資料來源：Mühlbradt，2014。

繆布拉特在結尾時指出，在構造促進學習式工作系統時企業內外部、工程團體的工程師及技工起決定性作用——需要補充的是，對於「廣泛參與」這個概念來講，這遠遠不夠。

對於有效，持續引入及實施促進學習式工作條件來說，需要（如果非強制）在新角色格局下找到可以在工業 4.0 的技術條件下、同時顧及最新及近期社會條件（人口變遷只是其中一點）實現最佳成果（尤其是對於勞動者）的選項。

所有在實踐中參與建構工作系統的人都屬於新角色格局的一部分：設計師，技術規劃人，工業工程師，IT 結構、流程規劃人，人事主管，人員發展師與

培訓師，管理人員，經理以及企業委員會，從跨企業層面上來說，還有勞動者和從業者自己。

在現行的專案中，這種新格局已經顯現。德國工會，尤其是金屬工業工會，將從勞動者的角度主動伴隨及監督未來的發展。

參考文獻

Acatech (Deutsche Akademie der Technikwissenschaften), Forschungsunion (2013). *Umsetzungsempfehlungen für das Zukunftsprojekt Industrie 4.0, Abschlussbericht des Arbeitskreises Industrie, 4.0.* Frankfurt/M.

Auer, P., & Riegler, C. H. (1988). *Gruppenarbeit bei VOLVO.* Berlin.Bainbridge, L. (1983). Ironies of automation. *Automatica,* 19(6), 775-779.

Brödner, P. (1985). *Alternative Entwicklungspfade in die Zukunft der Fabrik.* Berlin.

Hartmann, E. A. (2009). Internet der Dinge Technologien im Anwendungsfeld,, Produktions-Fertigungsplanung". In A. Botthof & M. Bovenschulte (Hrsg.), *Das,, Internet der Dinge". Die Informatisierung der Arbeitswelt und des Alltags: Vol. 176. Arbeitspapier.* Düsseldorf: Hans Böck - ler Stiftung.

Hartmann, E. A., & Bovenschulte, M. (2014). Skills needs analysis for „Industry 4.0" based on roadmaps for smart systems. In *Skolkovo-ILO-workshop proceedings: using technology foresights for identifying future skills needs, Geneva, ILO 2014.*

Hirsch-Kreinsen, H. (2014). *Wandel von Produktionsarbeit, Industrie 4.0"* soziologisches Arbeitspapier Nr. 38/2014. TU Dortmund.

Hofmann, J. (2014a). Wissensproduktion als Diskurs - und Praxisgemeinschaft von Arbeitsforschung und gewerkschaftlicher Arbeitspolitik. In D. Wetzel et al. (Hrsg.), *Industriearbeit und Arbeitspolitik. Kooperationsfelder von Wissenschaft und Gewerkschaft.*Hamburg.

Hofmann, J. (2014b). Industrie 4.0 - beteiligen, einmischen, die digitale Arbeitswelt gestalten. Prä sentation Mittagstalk Berliner Büro der IG Metall 18.06.2014.

Kurz, C. (2013). Industrie 4.0 verändert die Arbeitswelt. *Gegenblende* 24.11.2013.

Kurz, C. (2014). Industriearbeit 4.0 Der Mensch steht im Mittelpunkt - aber wie kommt er dahin? *Computer und Arbeit,* 5.

Mühlbradt, Th. (2014). Was macht Arbeit lernf rderlich? Eine Bestandsaufnahme. In Deutsche MTM-Vereinigung e.V. & MTM - Institut (Hrsg.), *MTM - Schriften Industrial Engineering Ausgabe 1.*Zeuthen.

Ramge, U. (1993). *Aktuelle Gruppenarbeitskonzepte in der deutschen Automobilindustrie.* Manuskripte 123.

Düsseldorf: Hans Böckler Stiftung.

Schumann, M. (2014). Praxisorientierte Industriesoziologie. Eine kritische Bilanz in eigener Sache. In D. Wetzel, J. Hofmann, & H. - J. Urban (Hrsg.), *Industriearbeit und Arbeitspolitik.* Hamburg: Kooperationsfelder von Wissenschaft und Gewerkschaft.

Spath, D. (Hrsg.), et al. (2013). *Produktionsarbeit der Zukunft - Industrie 4.0.* Stuttgart: Fraunhofer Institut für Arbeitswirtschaft und Organisation (IAO).

Steinberger, V. (2013). Arbeit in der Industrie 4.0. *Computer und Arbeit,* 6.

VDI - Nachrichten (2014). Was passiert mit der Fabrikarbeit? 14.

Wetzel D., Hofmann, J., & Urban, H. J. (Hrsg.) (2014). *Industriearbeit und Arbeitspolitik.* Hamburg: Kooperationsfelder von Wissenschaft und Gewerkschaft.

第三章

工業 4.0 時代
工業領域的機遇與限制

工業 4.0 是跨專業的複雜性專案，須從不同的角度進行研究。除了技術以外，在培訓及繼續教育方面還需要考慮如人機交流等問題，促使人類和技術一同發展。同時，也需要「實踐佳例網路」，以融入工業更廣闊領域。

本章重點

另闢蹊徑走向工業 4.0
機遇及限制

本德‧卡爾楔
（Bernd Kärcher）

通向工業４．０的兩條路：一條路線是將一個高度機械化（雖然並非無人）以工廠作為發展目標。另一條路線，也稱為以人類為中心的 CIM（H-CIM），強調的是人類在生產流程中將扮演中心作用。

▶自動化技術的兩條路線

所有關於工業 4.0 設計方案及作用的說法，現在還停留在理論階段。工業 4.0 的具體經驗（在科學、經濟、政治界熱議的高要求的技術方案）迄今為止還只是在初始階段。

但是，現在已有以往的技術及組織創新流程的經驗，也有現今技術發展的相關知識，尤其是在德國機械製造領域。基於現有經驗及知識，放眼未來。近 10 年的經驗顯示，自動化技術的使用，廣義上來說分兩條路線：一是以技術為中心，除了生產流程自動化以外，也通過技術手段監控、控制、「管理」員工。另一條路線是均衡「人」、「技術」、「組織」的總體解決方案。

有人認為，以上兩條路線並非由技術決定：並不是技術發展迫使企業選擇第一條路線或者第二條路線。企業可自行選擇自己想走的路線。企業也可自行決定，根據哪些標準做出決定：企業經濟準則（短期，中期或者長期）或者是道德及社會準則。

費斯托（Festo）公司的自動化解決方案，對於上述兩條路線均適合。

我認為，對於工業高度發達、勞動者素質高（無論是受過高等教育還是職業培訓）的德國，第二條路，也是費斯托公司所走的道路，尤為重要。因此，我將著重強調技術解決方案，並通過一個最新的研究專案中的案例進行闡釋。

費斯托公司不僅提自動化解決方案，同時還提供教學法（對許多人來說甚至更重要）。加上費斯托公司本身也是技術應用型企業，因此我提出一些工業4.0 時代對未來培訓及培訓需求的假設。本文結尾我將提出一些激勵企業及勞動者邁向工業 4.0 道路的意見及建議。

20 世紀 80、90 年代，對電腦集成製造（CIM）的爭論愈演愈烈。當時也有兩條路可選。一條路線是將一個高度機械化（雖然並非無人）工廠作為發展目標。複雜的資訊和通訊技術作為主要資源，成為貫穿整個資訊以及自動化鏈條的主軸，從設計（CAD，電腦輔助設計），到生產規劃（CAP，電腦輔助規劃）直至生產（CAM，電腦輔助生產）。除了將工作流程直接自動化以外，機械系統還監控以及管理人工作業。

另一條路線，也稱為以人類為中心的 CIM（H-CIM），強調的是人類在生產流程中將扮演中心作用。小組作業、機床的廠內程式設計、其他設備與員工參與自動化解決方案的構造及實施等理念也會發揮其作用。

技術基礎自此有所變更。最主要的變化在於：當時的 CIM 理念基於集中化的「由上至下」的 IT 結構。與此不同，今天的發展趨勢（關鍵詞：自主系統以及資訊物理系統），注重分散式自動化。或者形象化地說：早期 CIM 中的「中

心指揮橋」概念被現在的「廣場」概念替代，在「廣場」上分散著自主系統並「現場」「商討」出生產問題的解決方案。現在，人們也以類似討論上述CIM話題的方式，熱議工業4.0。選用這種方式也無可厚非，因為現在面對的根本問題也相同：

- 技術系統應該替代人類（或是管束人類）還是應該給人類提供支援？
- 人類是技術的「操作者」還是「用戶」？
- 企業生產流程所需的靈活度來自技術、人工還是二者結合？

今天作為工業4.0元素的技術系統（費斯托也使用），可應用於上述兩種路線，以技術為中心或人機共同作用。德國也可選用兩條路線並用來保持其生產競爭力。這也在一定程度上適用於其他行業及產品。選用哪條發展路線，由企業及企業管理者根據自己的準則做決定。而經濟性考慮（狹義或廣義）作為決策基礎。

▶以人類為中心的人機互動特點

關於未來工作結構的根本問題，上文已經簡明扼要地提到。人類依舊是生產中不可或缺的一部分，因為人類是現在及未來生產中最靈活、最智慧的部分。通過工業4.0人類和機械技術合作更加緊密。費斯托因此致力於研究可以實現人機直接互動的解決方案。

工作世界當然也會隨之改變。今天還存在的工作可能未來就消失了，不過也會增添新的工作領域。勞動者將完成多變、有趣的工作。有些工作的難度也可能增大，不過現在還不能估計其變化程度。總體而言需要整體調整與改變。勞動者無需學習更多的技能，而是要學習不同於現在的技能。現在只需要更加系統化地分析這幾方面。企業的組織理念是最根本的問題。企業應當集中

化還是分散化組織？決策應當由組織高層做出，還是現場做出，比如牽涉生產或服務領域時？所有過程，包括所有細節，應該對所有組織層級都透明化？還是分散式管理，將決策視為「黑匣子」就足夠？

此外，決策者腦中工作者的「工作情景」十分重要。員工將被視為作業者還是（共同）決策者？還是被視為需要被管理及控制的生產資源？也就是說：人類是技術的用戶還是操作者？

這種情景當然取決於勞動者的工種、現有的資歷培訓水準，以及所需的培訓。後文將對此詳述。當然，組織理念與工作情景也是相輔相成的，它們共同作用於技術形態。

技術形態（有保留地說）也有兩條路可選，並通過回答下列問題確定路線：收集、處理、編輯資訊是否應該是主要為了人類？人的能力是否應該被替代，還是應該給予支援甚至強化？

集中式組織理念可以回答第一個問題，分散式理念可以回答第二個。
有時，「以技術為中心」相對於「以人類為中心」作為組織理念被提出。這兩種組織理念既有相同點又有我上文所訴的不同點，儘管如此，我不使用這個概念，因為技術對二者都較為重要。人類對於二者來說也很重要，只不過（如上文所述）扮演的角色不同。

下文將以一個具體的、正在進行的專案作為示例，來闡述該理論。不難看出，該示例選用第二條路線：分散式組織、高素質員工、並且通過新技術系統支援員工的作業能力。

▶示例專案：ESIMA

ESIMA 是「通過自給供能感測器以及與移動式使用者互動的生產流程資源使用效率優化」專案的縮寫。該專案是由聯邦教育及研究部推動的用於「移動式自給供能——人類行進時穩定的自給供能系統」領域的 IKT（2020）科研專案子專案。該專案於 2013 年 7 月 1 日啟動，計畫於 2016 年 6 月 30 日結束。在該專案中，費斯托與其他企業（Varta，C4C 工程有限責任公司，戴姆勒集團，EnOcean）及研究機構（HSG-IMIT、德國漢堡大學、德國布倫瑞克工業大學）合作。

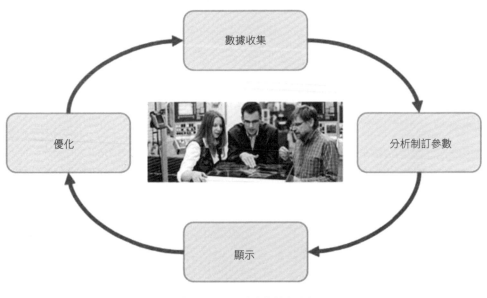

圖 3-1 ESIMA 專案的基本理念

ESIMA 專案研發了一系列硬體及軟體模組，通過這些模組將簡化人機互動，使用者可以隨時獲得機器狀態及資源消耗資訊。這些資訊有助於優化機械設備。比如，可以迅速識別並排除故障。追蹤能源及材料的消耗變得更加簡單、透明，同樣有助於流程優化。

該專案很重要的組成部分是研發無線感測器，且該感測器應當易於安裝到機械設備商上，且不改變設備的原有結構。通常，也會開發出一系列軟體模組，用於資訊的傳遞。根據不同的需求，人機互動得以實現。

通過無線感測器，機器的能耗資訊更易於收集。獲得的資料將通過移動終端設備在生產區域中顯示出來。但人機交流通過分散式資訊系統實現。移動設備，如平板電腦等，將用於顯示能耗參數及其趨勢。而工人便可直接判斷機器的能耗情況並採取措施。此類資訊迄今為止，僅對中央部門以及高層公開。

圖 3-1 展示 ESIMA 專案的基本理念：資料收集、分析並處理，制定並顯示參數，參數作為工人現場優化流程的基礎。

該基本概念不僅適用於本專案、不僅限於能效優化方面。對於費斯托來說，該概念為推進工廠自動化提供基礎，並遵循下列原則：

- 盡可能在現場分散式建構並優化生產流程
- 人類的技能是生產控制及優化的主要資源
- 技術系統作為使用者的「能力增強器」，從兩方面顯示：須重視用戶已有的能力，把其視為中心。同時，分析及視覺化工具提供在工作中持續學習的機會

▶對培訓及培訓需求的影響

本文開篇已經指出，由於缺少實踐經驗，現今無人能夠明確說明工業 4.0 的具體形態。對於工業 4.0 時代的培訓需求也是如此。對工業 4.0 的第二點推測也適用於培訓需求：沒有決定未來的「自然法則」。未來如何發展，取決於政策、科學，尤其是經濟界所做出的各種決策。

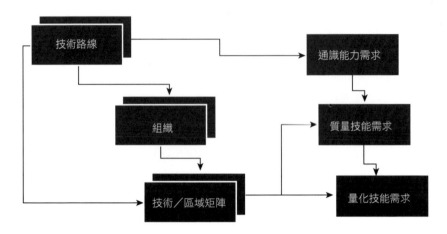

圖 3-2 根據技術路線進行培訓需求分析的方法　資料來源：Hartmann & Bovenschulte, 2013

不過，參考上文通過理論猜測、示例來闡述未來的工作組織機構以及技術形態的方法，此處也應該對工業 4.0 時代未來培訓需求的框架條件提出謹慎的假設。此處，我將借鑒 2013 年夏季，由國際勞動組織與莫斯科斯科沃（SKOLKOVO）管理學院共同在莫斯科舉辦的針對「使用技術預測未來所需技能」主題討論會成果。哈特曼和博文舒特有一篇文章專門研究工業 4.0 時代具體的培訓需求，並闡述了調查需求的方式法。

圖 3-2 展示該方法的概覽。首先，技術路線圖作為出發點。儘管技術不起決定性作用，但肯定可用為工業發展擔當「防護板」。該文的作者將歐洲智慧系統技術平臺（EPoSS）、歐洲機器人學技術平臺（EUROP）以及國際機電委員會（IEC）提供的資料作為技術發展預覽的基礎。

基於 EPoSS 的技術路線圖，智慧系統可分為三代。簡單而言，第一代智慧系統融入高度發達的自動化、管理以及控制技術，現在已投入使用。第二代智慧系統主要是擴展了機器化學習。第三代智慧系統將具備逐步與人類相近的

感知、思維以及處理能力。人們都認為，第三代智慧系統的子部分「機器人
＆工廠自動化」的發展將尤其活躍。

EUROP也制定了技術路線。對於工業4.0而言，「協助式機器人＆相關智慧」
以及「規劃」的作用領域較有意義。在這兩個領域，未來機器人系統有如下
特點：

- 分散式控制
- 互動式交流
- 使用群體效應理論／群體智慧
- 基於技能／基於學習的自動化
- 高維度任務自主規劃
- 與人類夥伴相互學習

該文作者將機器人學視為相關性高、活躍度大的技術領域，並將合作式機器
人以及「溫和自動化」（例如：通過機器人系統溫和、靈活的執行器——如

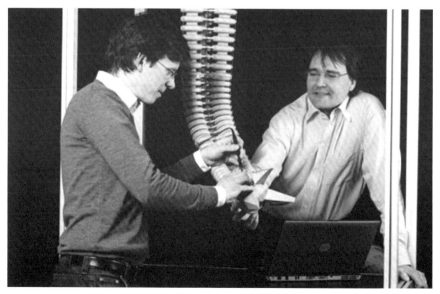

圖 3-3 費斯托仿生助手（仿生及安全式自動化技術示例）

「大象鼻子」——保障安全）稱為重點。即使對於費斯托這樣研發自動化解決方案的公司而言，「溫和自動化」也是中心問題。「溫和」自動化元素「大象鼻子」的具體應用在費斯托仿生助手上體現出來（如圖3-3，見第65頁）。為了發展機器人系統，使其具有「類似人類」的感知、認知以及行動能力，仿生學在未來起到重要的作用。基於這種對趨勢的預測，該文作者從品質（有別於數量）角度提出未來培訓需求的假設。

首先，「安全」應作為職業及高校教育跨專業主題。為此，需要考慮到工作在人機之間靈活分配：如果沒有固定的工作流程，每個情景都要從安全性角度重新進行自我評判。人與機器人之間的安全欄也將不再存在，取而代之的是新型安全理念。此外，由於工業4.0背景下機械學、電氣學以及資訊學的融合逐步加深，可能產生新的雙軌培訓職業「工業資訊工程師」。而該專業與機電一體化專業如何區分，仍需澄清。還有一個問題有待澄清：究竟是新產生了一個專業，還是機電一體化專業新增了一個培訓方向？

「工業認知學」可以成為大學未來新開的專業，比如在研究生階段。主要教學內容包含分散式感測器／執行器網路，機器人學，感知學（如視覺3D）以及認知學（如操作計畫、合作、群體智慧等等）。同樣，也可以考慮開設「自動化仿生學」研究學科，研究機器人學，重點在執行器（例如：人造肌肉、四肢以及器官）以及生物學角度的感知及認知。

下一步如圖3-2所示涉及組織機構。此處，討論的問題是：集中式VS.分散式組織，監控人類VS.人類授權。本人的主要論點在該文也有所體現：技術發展並不起決定性作用，不是培訓發展的「自然法則」。技術發展的作用主要取決於組織。最後，為了能夠量化培訓需求，必須考慮到不同的行業。工業4.0所帶來的改變，對於研發生產自動化技術的企業、主要使用自動化技

術的企業以及既生產又使用的企業（如費斯托）意義不同。為了研究此類量
化預測，作者提出「技術——行業——模型」的建議，對其相互性，上文進
行了簡述。不過不得不承認，一切都還是只幻影：迄今為止還沒有這樣的方
法。因此還需要進一步深入研究及發展。接下來，本文將做出總結並展望未
來。

▶仿生學作業助手是技術領頭羊

技術，尤其是自動化技術，「本身」既不「好」也不「壞」。技術發展能發
揮什麼效用，主要取決於企業所做的決策。而決策總設計兩個方法或兩條路
線。第一條路線，員工當場收穫資訊及能力。第二條路線，員工總是被滴水
不漏地監控著，不需要任何技能。兩條路線都可行，也都可以保障德國生產
競爭力。

費斯托（基於自己的公司理念以及從業領域）對工業 4.0 有自己的理解。費
斯托認為，工業 4.0 促使人類和技術一同發展。未來機器人可以和人類互動，
並通過感測器避免與人類發生碰撞。機器人越來越智慧，對人類的危險也隨
之越來越小，同時減少其日常工作（如總裝）為其減壓。摘奪柱冠的仿生學
作業助手或 ExoHand（均為費斯托產品）就是技術發展的領頭羊。

技術將越來越智慧、適應性也逐漸增強，能夠適應多變的邊緣條件以及人類
隨時的參與。並不是所有流程都是全自動的，而流程是多變的，此時就需要
人類具有直接與技術交流的能力。也就是說，技術必須能夠理解人類，人類
也必須能夠理解技術，而且盡可能以一種自然的方式。在未來的生產領域，
機器必須能夠處理通過感測器獲得的人類資料——甚至可以通過思維控制。
此外，機器還需能夠把自己內部的狀態以對使用者友好的形式顯現出來。

通過移動終端，員工可以調出個性化資料，關注設備的重要參數。以這種形式，員工可以（如上文 ESIMA 專案所述）連續監控能耗，在出現非正常能耗時，及時採取措施，優化能耗。由於資訊技術的要求提高，員工的知識也需要相應提高。對此，需要繼續教育方案。工業 4.0 技術發展目標也應結合新型工作組織機構以及培訓需求。對於企業來說，卓越的研發資源與專業人士，對於企業未來的發展起著前所未有的重要作用。

工業 4.0 是跨專業的複雜性專案，須從不同的角度進行研究。除了技術以外，在教育及繼續教育方面還需要考慮如人機交流等問題。因此，在很多領域，專業人士需要接受不同以往的培訓或繼續教育。工廠規劃人也需要資訊技術、生產技術等方面知識；技工需要更多的機電一體化實踐經驗，以迅速解決設備停運問題。此外，工程師與軟體工程師需緊密合作，因為智慧型機器需要靠營運良好的軟體支援。所以機械製造行業需要更加關注軟體發展。

為了應對這種挑戰，我們需要具有工程師的知識。他們的創新能力是保持競爭力的關鍵因素。在未來，具有足夠專業人士和傑出研發人員的企業將取得成功。因此，培養跨專業人士的重要性日漸凸顯。工業 4.0 的初入者在無意間獲得培養特有特色的機會，使其在就業市場獨樹一幟。工業 4.0 時代的員工任務及能力要求將有所改變；儘管如何改變保持未知，我依然大膽做出這種假設。相應的培訓戰略以及（除了已經提到的正式繼續教育）促進學習式工作組織成為必要。除了培訓方法的研發需求以外，還需要研究學習的形式，隱藏在工作中還是通過與生產技術融合的數位化學習技術傳授。即便是本文經常提及的技術願景，也並非成熟的解決方案，仍需進一步研究開發。

為了建構工業 4.0，除了各種研發專案以外，也需要「實踐佳例網路」，以融入工業更廣闊領域。無論是研發還是佳例經驗交流，費斯托均投入其中，因為工業 4.0 的所有領域（技術、人、組織）對於我們來說都很重要。

參考文獻

Bey, I., Luczak, H., Hinz, S., & Quaas, W. (Hrsg.) (1995). *Experte Mitarbeiter Strategien und Methoden einer mitarbeiterorientierten Gestaltung und Einführung rechnerintegrierter Produktion.* Köln: TÜV Rheinland.

Blum, U., & Hartmann, E.A. (1988). Facharbeiterorientierte CNC - Steuerungs - und Vernetzungskonzepte. *Werkstatt und Betrieb*, 121, 441-445.

Hartmann, E. A., & Bovenschulte, M. (2013). Skills needs analysis for "Industry 4.0" based on roadmaps for smart systems. In International Labour Organization (ILO) & SKOLKOVO Moscow School of Management (Eds.) *Using technology foresights for identifying future skills needs. Global workshop proceedings.* Moscow: SKOLKOVO Moscow School of Management.

Promotorengruppe Kommunikation der Forschungsunion Wirtschaft - Wissenschaft (Hrsg.) (2013). *Deutschlands Zukunft als Produktionsstandort sichern - Umsetzungsempfehlungen für das Zukunftsprojekt Industrie 4.0. Abschlussbericht des Arbeitskreises Industrie 4.0.* Online: http://www.bmbf.de/pubRD/ Umsetzungsempfehlungen_Industrie4_0.pdf

Sell, R., & Fuchs - Frohnhofen, P. (1993). *Gestaltung von Arbeit und Technik durch Beteiligungsqualifizierung.* Opladen: Westdeutscher Verlag.

機器人協同工作
願景及現實

蜜雪兒・哈格
（Michael Haag）

隨著計算能力的提高、資料量及感測器的增加，未來的電腦將如科幻世界一般，有能力完成迄今為止通過人類完成的（思維）任務。屆時，工作及經濟領域將發生劇變，而給消費者帶來的益處在於個性化產品的價格將很親民。

德國正廣泛討論「工業 4.0」的同時，兩位麻省理工學院數位商務中心研究員艾瑞克・布瑞恩喬福森（Erik Brynjolfsson）和安德魯・麥克阿菲（Andrew McAfee）宣布「第二個機器時代」到來。隨著計算能力的提高、資料量及感測器的增加，未來的電腦將如科幻世界一般，有能力完成迄今為止通過人類完成的（思維）任務。屆時，工作及經濟領域將發生劇變，而給消費者帶來的益處在於個性化產品的價格將很親民。

布瑞恩喬福森和麥克阿菲以 Instagram（一個允許使用者上傳照片、視頻並可分享給其他用戶的互聯網平臺）為例來介紹。臉書（Facebook）以 10 億美元收購 Instagram 的時候，該公司僅有 12 個員工，而傳統的照片生產商柯達在營運最佳時期，員工數量高達 150,000。

在數位時代，一個企業的經濟效益不再直接與高薪工位數量掛鉤。布瑞恩喬福森和麥克阿菲將勞動者分為兩組：一組給電腦下指令，而另一組接受電腦的指令。

▶機器人的密度將會增加

工業生產領域，不是一個單純的充斥著「位元」與「位元組」的世界，而是有實體貨物的流動、需要製造產品的地方，因此便產生了一個問題：對於人類來說，工作世界的變革會有什麼影響？儘管批量生產越來越趨於自動化、機械設備與機器人逐漸普及，但是，根據德國聯邦統計局 2014 年 2 月底針對員工數大於等於 50 人的加工型企業進行的調查統計資料顯示，從業人數近 530 萬。德國的工業生產機器人數量與員工人數之比大於 270：10,000，居全球第三，在日本和韓國之後。

預計隨著機器人技術的繼續發展、產品的進一步靈活化，機器人的密度將會增加，因為機器人是靈活的自動化部件：它們可以執行不同的流程和任務。機器人的任務取決於程式設計以及工具。

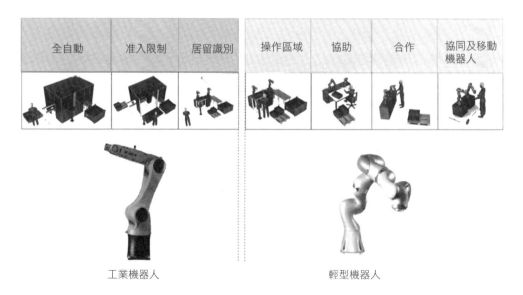

圖 3-4 人機合作等級——從全自動到合作　資料來源：KUKA

基於機器人的自動化進程也避免不了人機關係這樣的問題。難道未來是一半人給機器人「程式設計」或給機器人指令、待其讀取，而另一半人接受機器人給予的指令並按該指令行事？

在生產自動化過程中，人機關係現今可分為幾個等級（如圖3-4，見第71頁）。在全自動機器人工作間中，機器人通過固定安裝好的防護欄與人分離開。在生產過程中，防護欄保持緊閉。人員不能在工作間之內。人員通過掌上型控制器或者固定的控制站操控機器人，例如評估診斷資料，或者解決干擾問題。除了啟動機器人系統、為其程式設計或者解決系統干擾問題以外，人機之間不直接接觸。機器人和人員分開獨立工作。

不同於安裝固定的防護欄，上述工作間也可以安裝防護式准入限制，例如進門墊或光線欄（虛擬防護欄）。在這種情況下，人員雖然可以進入或伸入機器人工作間，例如給機器臂放入零部件。但是，這個時候，機器人一定處於靜止狀態。在這種情況下，人與機器也不是真正的互動。

第三種機器人工作間雖然沒有防護欄，但是整個工作區域都通過感測器（如在天花板）監控，確保任何在危險區域出現的人類活動被及時探測出來。如果人員逐漸接近機器人的工作範圍，機器人的速度將根據人機之間的距離遞減直至停止作業。除此以外，便無其他人機間的互動。

以上三種情況展現了現在的技術，並已投入機器人的生產流程之中。該生產流程基於安全感測器，能夠及時探測出人類在工作範圍的活動，並停止機器人作業（至少降低其工作速度）。人機真實互動的例子在實踐應用中罕見。對於工業機器人來說，缺少互動的原因在於：機器人通常迅速移動重物，因此如果發生與人類碰撞事件，能量很大且不能被迅速減小以降低碰撞對人類

傷害程度。一個常見的工業機器人重一噸，它要移動例如重 150 公斤的點焊鉗。此時，人員只有符合了一定的前提條件才可以在該機器人的工作區域停留。而機器人的工作速度不可以超過 250mm/s（在自動模式下，機器人的工作速度約 2m/s），需要進入危險區域的人員須在機器人作業全程按確認鍵。當程式設計人員在機器人工作間啟動機器人或對其進行現場程式設計時，選擇這種模式。在特殊情況下，也可以手控機器人。在機器人臂末端有一個帶有確認鍵的「導向器」，通過它操縱者可以移動機器人至所需的方向。通過這種方法可以用機器人處理大型及重型零部件。

▶新一代敏感型機器人備受關注

除了傳統的工業機器人以外，新一代機器人近期備受關注，它們被稱為敏感型機器人。這種機器人比傳統工業機器人更輕、更小，輪廓更圓滑、降低危險，但依舊裝有內置安全感測器，可以及時探測出設定及非設定的外界觸碰。新型庫卡（KUKA）輕型機器人 LBR iiwa 就屬於敏感型機器人，

圖 3-5 碰撞識別

通過內置關節感測器 KUKA
LBR iiwa 可識別設定的用於
零部件投放的觸碰力以及發
生人工意外碰撞時工人手掌
觸碰機器的力量大小

資料來源：KUKA

在 2013 年漢諾威博覽會以及 2014 年慕尼黑機器人及自動化技術貿易博覽會
（Automatica、歐洲最大的機器人博展會）都對這款機器人進行了展示。通
過 LBR iiwa 可以實現真正的人機互動、甚至協作。

首先，機器人工作間將沒有保護欄，人員可以在工作間內作業（操作區域）。
不同於上述三個示例，人員「入侵」機器人的工作區域並非例外，而是常態。
無需其他安全感測器，機器人內置的安全感測器可以準確識別人類（無意）
的觸碰並立即停止作業（如圖 3-5，見第 73 頁）。由於機器人的外部結構以
及較輕的品質，與人類碰撞的後果並不嚴重，不超過無意間與另一個同事相
撞的效果。但是，啟動前必須進行風險評估。影響評估結果的一大因素是與
機器人相連的工具。如果攜帶的工具有棱角，那麼機器人的許可工作速度要
低於攜帶工具較圓滑的機器人。

帶有「操作區域」、允許非設定
觸碰發生的機器人工作間，只是
邁向協助型機器人的一小步。協
助型機器人允許人機在既定的加
工步驟展開合作。機器人像第三
隻手一般為人類提供協助，它給
工人傳遞零件，或者像一台智慧
三腳架，將所有工人所需的工具
以一定的方式移動並儲存。人員
不僅通過手控器的流程鍵移動機
器人，還可以通過手勢或者直接
觸碰將其移動至所需的位置（如
圖 3-6）。

圖 3-6 手動操作 LBR iiwa，使其進行總裝任務
資料來源：KUKA

▶人與機器人協作構成「國王法則」

人與機器人之間的協作構成了「國王法則」。人類和機器可以持續分享同一工作區域，並相互接觸。人類和機器人可以共同作業。一部分工作由人類完成，另一部分由機器人，以達到人機能力互補最優化效果：人類具有認知能力優勢，擁有創新能力、以及不可超越的全面且敏感的「夾緊系統」（人類的手），移動性強，可以迅速適應新環境。而機器人精準度高，能夠輸出同等高品質成果，可以完成危險任務，也不會因為工作單調而困倦。

未來，有可能產生其他的協作形式，使得人類和機器在「同等高度」共同作業。這也就意味著，機器除了上述內置安全設備以及感測器外，還擁有一定的自主能力，即智慧。

此時，機器人需擁有內置「世界模型」（及時反映其周邊狀態），以及例如關於不同生產流程及材料資訊的基礎知識。基於模型資訊，機器人執行其判斷，能力不足時學習新的知識。自主控制的另一前提是：不僅是人類可以靈活移動，機器人自己也可以改變其位置。

▶未來機器人可以給人類指令

通過上面展示的人機合作不同階段不難判斷，在不久的未來機器人可以給人類指令。最優情況下，機器人將制定人類操作的時間點（例如：機器人完成一項任務之後，需要人類添加零部件；或者出現了運行干擾時）。這種指令類似於汽車駕駛員接收的導航指令，以令其迅速適應陌生路況。

該指令也是人類的工具：人類追求一個目標或目的，並使用適當的協助手段實現目標。

機器人是否真的具有解決問題的能力，而人類是否「隸屬於」該解決方案的一部分？對於具有自主及判斷能力的機器人，需要考慮一個問題：在大量資料可用、感測器廣泛鋪設的情況下，如何去定義「智慧」？其實在這種情況下，機器並沒有追隨自己的意願。

因為機器要做什麼、如何做，都是通過人類（前期程式設計或者臨時委託）設定的。機器本身是沒有作業動機的，它僅僅是完成一項人類設定的任務，依舊是人類的工具。布瑞恩喬福森和麥克阿菲的理論（有一組人員需聽從機器的指令作業）不會出現在生產中。

參考文獻

Pearlstein, S. (2014). Review: 'The second machine age', by Erik Brynjolfsson and Andrew McAfee. The Washington Post, 17.01.2014. http://www.washingtonpost.com/opinions/review the second machine age by erik brynjolfsson and andrew mcafee/2014/01/17/ace0611a 718c 11e3 8b3f b1666705ca3b_story.html.

Braunberger, G. (2014). Macht der Maschinen. FAZ, 27.04.2014. http://www.faz.net/aktuell/ wirtschaft/ menschen wirtschaft/digitale revolution macht der maschinen 12910372. html.

Schwarzkopf, P. (2014). Robotik und Automation vor großen Aufgaben. VDMA Pressemitteilung vom 19.05.2014. http://rua.vdma.org/article/articleview/3936490.

工業 4.0 時代的工作優化
農業技術視角

馬克思・萊內克
（Max Reinecke）

對於農業經營者來說，提高能力以應對日益複雜的流程並能夠正確執行，至關重要。而工業 4.0 概念引入自主優化、自主設置、自主診斷及認知流程，對優化農業領域意義重大。

▶農業領域初始狀況

在農業領域，有資歷、有動力的員工是保證有效、高質實施流程的重要因素。對此，一個原因是：周邊環境動態性強，須制定不同的邊緣條件。另一個原因是：很多流程不在農場內進行，因此場主不能直接接觸。不同於其他行業，農業領域的員工具有很高的自由度來決定流程應該如何進行，同時也就要求員工具有高度的自主性、優秀的資歷、以及豐富的經驗。

但是，全球都出現符合要求的人才短缺情況。地區城市的吸引力不足、收割期負荷峰值等等，都是造成人才短缺的原因。

此外，農業技術流程越來越複雜、要求越來越高。環保稅、存證義務、供應商與客戶關係等等，成本越來越高。從而對員工要求也越來越嚴格。

因此，需要智慧系統。一方面可以協助能力不足的員工，來保證流程正常運行。另一方面，通過智慧化的崗位更加吸引高素質員工。 有效執行全流程的重要性逐步增加，因為在投資、燃料、農藥、植物保護劑等方面的節約潛力

遠大於人力成本。在穀物收穫時，人力成本僅占支出的 15%，其餘的 85% 都用於折舊、生產物資以及維修。此外，收入與收穫的穀物品質息息相關。因此，極小的流程錯誤便可造成很大的損失。更糟的是，土地擁有記憶。也就是說，所犯的錯誤後果可能延遲顯現，並作用數年。

所以，對於農業經營者來說，提高能力以應對日益複雜的流程並能夠正確執行，至關重要。而工業 4.0 概念引入自主優化、自主設置、自主診斷及認知流程，對優化農業領域意義重大。

▶農業技術領域應主動進行交流

為了避免錯失第四次工業革命的機遇，農業技術領域應主動關注不同的條件並進行交流。這一點至關重要，因為人類在這次變革中擔任重要角色，而且變革只有通過人類的參與才能實現。

第一，在分析、擬定、實施工業 4.0 系統時，人類作為重要的流程參與者，成為關注的中心。只有參與人能夠理解複雜度高、介面多的系統，而且通過該系統，可以減輕參與人負擔、令參與人獲得更高效率，該系統才可能被接受。下面將例舉用於無人駕駛收割機的自主計畫系統。通過流程機械的進一步互聯網化，所有的流程參與者可以獲得更多資訊。部分資訊可被自動處理。但是總會出現自主系統遇到其極限的情況。此時，就需要人類的介入，進行手動操作或者做出系統自己做不了的決定。如果不按照這個方式行事、人類沒有及時獲得足夠的資訊，則系統失敗。

第二，這樣的系統不用於監控，也不該讓人覺得將其「用於監控」。在系統設計時，就應考慮通過優化所有流程參與者合作的聯網優點並將其明確。這樣一來，哪些資訊、針對哪個目的需要進行交換；以及只有提高流程效率及

品質的資訊才應輸出，這些便十分清晰。此外，流程狀態顯示應遵循平等原則，也就是說，提供資料的流程參與人，也有權看其他參與人提供的資料。這樣可以避免員工覺得自己被監視，或者去破壞「監控功能」，從而不提供用於控制流程的重要資料。

第三，需明確，工業4.0不意味著開除員工。而是通過下文描述的應用提高競爭力及效率。在提高競爭地位的同時，對員工素質的要求也相應提高，以用於管理系統。如此一來，員工與企業之間的關係更加緊密。

▶系統促進員工之間的合作

注意了上文所描述的在農業領域實施工業4.0的條件之後，可廣泛應用工業4.0系統。總體而言，該系統支援人類工作、提高工作品質。

員工可獲得更全面的總流程概況，更透徹地理解工作任務，明白按計劃執行流程的重要性。他們承擔更多的責任。員工對自己的工作感到自豪並在工作中注重高品質。

同時，新系統確保員工可以應對新增的責任，因為系統將根據環境篩選處理資料，可使員工僅獲得當下情景需要的資料。

系統還促進員工之間的合作，尤其是經驗交流。比如，可以交流用於同一耕田的機器調節參數。通過這種方式，沒經驗的員工可以直接向前輩學習。

現有的自動化系統已經為人工剔除了繁重、單調的日常工作。流程可以準確完成重複性的工作。農業技術領域知名示例為全球定位系統（GPS），現在，該系統已具有高級資料處理能力。通過工業4.0概念，該進一步強化該能力。

複雜、重要性延續的決定（尤其涉及參數較廣）也可以由機器做出，並給用戶提供優選方案。帶有 CEMOS 自動化元件的聯合收割機具有的自動調試功能就是該應用的示例。

人工免去了重複性工作，便可以專注更重要的事情。從而也避免了未持續集中注意力而造成的失誤。

此外，還可以避免事故發生。因為駕駛者只用關注流程的某一部分，同時重要資訊已經過濾及加工。這方面的應用不僅限於流程參與者之間。比如在汽車領域，通過車對車交流發出車禍位址警告資訊。

▶生產商更貼近客戶量身定做產品

工業 4.0 系統比現有系統更為複雜。而伴隨流程，參與人員需為此做好準備。

終端使用者、經銷商、生產商都應接受適當的培訓，從而有效利用該系統。也就產生了生產商針對系統引入及運行的新型服務，比如：培訓課程，用於穩定、優化系統的遠端監控。生產商可以考慮在系統運行時，主動給終端客戶提供系統應用優化建議。如此一來，生產商更貼近客戶，瞭解客戶需求，為其量身定做產品，從而籠絡客戶。

提升內部物流運輸
機器人自主程度
工業 4.0 時代技術發展及其應用

約阿希姆‧特約特（Joachim Tödter）
福爾克‧菲爾艾克（Volker Viereck）
蒂諾‧柯律格—巴斯傑勒（Tino Krüger-Basjmeleh）
湯瑪斯‧惠特曼（Thomas Wittmann）

在人口變遷背景下，未來的發展趨勢顯示出，合理化效應（即機器替代人工）從社會學角度看，也可能起到積極作用：可以在人才缺乏的時代，依舊保持生產競爭力，順利運輸貨物。

▶ STILL 公司展示最新技術發展

「工業 4.0」理念基於融合機械、電子、資訊學的新技術，應用於工業領域。除了狹義上的生產技術以外，生產物流（或廣義上說內部物流）也是「工業 4.0」重點應用領域之一。

本文首先將以 STILL 公司視角展示最新的技術發展。然後針對該技術發展對企業及工作的影響進行思考。

STILL 公司在全球為企業提供個性化內部物流解決方案——利用智慧叉車及倉庫技術、軟體、服務及售後服務。STILL 公司擁有員工 7,000 餘人，4 個生產廠，4 個在德國的分公司，20 個在國外的子公司以及遍布全球的經銷商網路，為成功的跨國企業。通過其高品質、可靠性、創新科技等特性，STILL 可滿足大、中、小型企業現在以及未來的需求。

▶市場的挑戰

由於市場的複雜性及動態不斷增加，物流的靈活度及可變性越來越重要。此外，企業內部物流的自動化的意義也增加。由於要求的不斷提高，庫房流程的半自動化或全自動化、內部生產供給等問題成為中心。且這種趨勢不會停止。尤其是中小型企業對倉庫及運輸流程的自動化表現出越來越大的興趣。

由於自動化解決方案的規劃布局、首次安裝、調整非常複雜，從而需要各領域專家的支援，而這又導致採購、維護以及調整成本高，難以承受。因此，自動化解決方案通常得不到實施。

▶解決方案

為了減少其複雜度、降低初步安裝及調整的成本，STILL 公司致力於研發自動化解決方案，令用戶可以應用無人駕駛的自主運輸系統，管理該系統並優化物流流程。下列幾點對該發展趨勢具有指導意義：

- 簡化使用
- 減少安裝消耗及複雜度
- 顯著提高運輸車智慧能力
- 顯著提高運輸車的自主能力，使其可以自我調節適應周圍環境

下文將展示「marion」科研專案框架下研製出的 STILL 運輸機器人，該機器人具有感知周圍環境以及自我調節做出應對的能力。

▶STILL 在機器人學及自動化領域的科研活動

為了制定符合上述幾點適用於未來的解決方案，STILL 多年來專注研究移動式機器人，並與許多機構與高校進行緊密合作。

「marion」即在複雜增值鏈中的移動式自主合作機器人（Mobile Autonome, kooperative Roboter in Komplexen Wertschöpfungsketten）是德國經濟與能源署支援的相關專案，旨在研究自主合作運輸車參與的工作流程自動化。「marion」專案從 2010 年 8 月 1 日開始，2013 年 11 月 30 日結束。CLAAS、Atos、DFKI、以及 STILL 參與該專案。

圖 3-7 CX-T 及 FM-X 自主合作機器人

marion 專案成果的應用將以全自動自主裝卸貨機器人展示。該機器人既可在自動模式，也可在手動操作模式進行日常的裝卸作業（如圖 3-7）。

該系統可在多變的流程中靈活使用運輸機器人。為此，研發出一款圖形調試工具，令使用者可以簡單使用自主運輸機器人，並根據需求進行調整（如圖 3-8）。

預設資訊主要包含使用者允許的運輸機器人行駛路線以及互動區域。轉彎路
線以及移動金屬板位置由機器人自己計算出，不需要提前設定。

經由 marion 專案研發出的動態規劃系統，令運輸機器人可以基於最新貨物擺
放位置及周邊環境條件得出最佳路線，並依據該路線行駛，以保持運輸的高
效。如果要將自主運輸機器人普及到與人類共同作業的區域，須改善運輸機
器人外觀，以獲得在現場工作的工人信任。

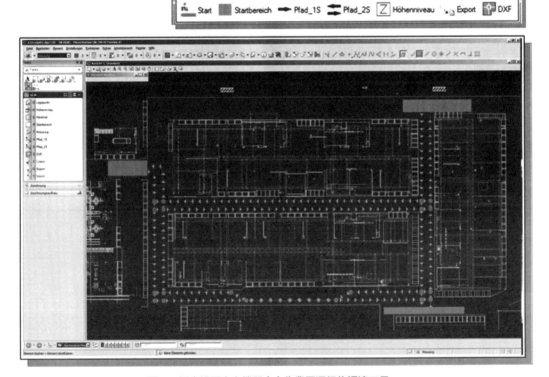

圖 3-8 初步設置自主機器人在作業區運行的調適工具

STILL 公司有兩種自主運輸車用於全自動裝卸貨。一種是 STILL CX-T 自主拖車，配有多個掛鉤用於營運，另一種是 STILL FM-X 自主推進叉車，用於裝卸拖車貨物。通過 3D 鐳射掃描，運輸車認知周邊環境，無需特殊導航標識。它們直接相互交流，交換必要資訊，並相互分配子任務。比如，拖車得到任務，將載物工具運輸到特定地點，於是它詢問車隊中可使用的車輛，並將子任務交給最適合的運輸車。

在將貨物送到終點的路上，CX-T 自主拖車通過分析情景測量並監控所拖貨車的位置並將資訊告知 FM-X 自主卸貨車。當拖車與所拖貨車到達目的地時，卸貨車開始規劃最經濟的卸貨路線，同時注意通過 2D 及 3D 手段獲得的周邊環境及障礙資訊。所拖貨車將被卸下，卸貨車總會考慮其目的地、所卸拖車、以及需裝載的移動金屬板，用於平衡其剩餘容量。

圖 3 -9 自主多機器人合作：科研專案「marion」的終結里程碑

如果需要卸載移動金屬板，拖車及叉車完成下一步任務。必要時，二者再次
相互合作，如圖 3-9 所示。

▶可能對工作世界產生的影響

上述的發展將劇烈改變內部物流。隨之也會對工作世界產生影響，比如就業、
工作條件，培訓要求等等。

無人駕駛的陸地運輸車（運輸機器人）與其他自動化技術一樣，直接對勞動
者產生影響。而由於自動化系統，勞動者的作業內容也相應增加。

它在減少駕駛運輸車司機的同時，增加了對能夠設置、控制以及維護系統的
高資歷員工的需求。因此，也提高了對培訓的要求。

為此需要一套培訓內部物流員工的方案，以應對新的高要求任務。這就需要
企業改變其思維方式：接受教育最少的員工通常也是接受培訓幾率最低的群
體。因此，中小型企業此處有支援需求，以培訓其員工。

因此，培訓員工能夠對機械系統進行最必要的操作至關重要。人機介面的初
步設置形態，如上文示例專案 marion 所示，起關鍵作用。

工作條件培訓需求具體如何體現，取決於企業的組織機構。因此，物流作業
可能與維修保養作業相結合。也可能將物流與生產（部分或全部）融合起來。
由於不同企業使用不同的組織架構，工作條件及培訓需求可能會有很大差別。

在人口變遷背景下，未來的發展趨勢顯示出，上文提到的合理化效應（即機
器替代人工），從社會學角度看，也可能起到積極作用：可以在人才缺乏的

時代，依舊保持生產競爭力，順利運輸貨物。

總體而言，物流的自動化帶來更多的機會。大型物流公司，由於高昂的地價通常需要移至人口稀疏的地區。而由此產生了人才短缺問題，無法找到足夠的高品質勞動力。此時便需要自動化解決方案。

▶繼續教育、終身學習更有意義

物流行業有進一步自動化的需求，尤其是中型企業。

因此，自動化解決方案需要足夠靈活，令使用者完全可以自己掌控、安裝以及調試系統。

除了本文所述的運輸機器人作為自動化方案之外，對人工作業運輸車增添協助功能需求也日益增長。重要的是實現為司機減負並提升效率。

支援人工駕駛運輸車的協助系統的機會在於：即使是沒經驗或能力不足的員工也可以表現出色，因為員工只需要專注其主要任務。此外，也減少對員工的要求，來應對人口變遷。

自主運輸車，本文以 marion 專案所示，提供更多機會。該類型車無需大量的調試資訊，如果資訊不足，該車可自行計算出來。啟用及調試所需的時間及花費因此降到最低。無需外部專家的知識，用戶完全可以自己掌握該系統，無需依靠生產商。

該發展所帶來的挑戰則是就業問題。通過自動化系統，一些人工作業將被取代。因此，繼續教育以及終身學習變得更加有意義。而中小型企業需要外部

支援來應對這項挑戰。

從人口變遷發展角度考慮，高度靈活的自動化運輸流程為改變現有流程提供
機會甚至奠定基礎。

參考文獻

Hirsch - Kreinsen, H., Ittermann, P., & Abel, J. (2012). Industrielle Einfacharbeit: Kern eines sektoralen Produktions-und Arbeitssystems. *Industrielle Beziehungen, 19(2),* 187-210.

J ger, A., & Kohl, M. (2009). Quali.zierung An - und Ungelernter - Ergebnisse einer explorativen Analyse zum aktuellen betrieblichen Bedarf, zukünftigen Qualifikationsanforderungen und Präventionsansätzen der Bundesagentur für Arbeit, bwp@ Berufs - und Wirtschaftsp ä dagogik - online, Profil 2 - Akzentsetzungen in der Berufs - und Wirtschaftsp ä dagogik, online: http://www.bwpat.de/profil2/jaeger_kohl_profil2.shtml.

Promotorengruppe Kommunikation der Forschungsunion Wirtschaft-Wissenschaft (Hrsg.) (2013). *Deutschlands Zukunft als Produktionsstandort sichern-Umsetzungsempfehlungen für das Zukunftsprojekt Industrie 4.0.*

學習型工廠對工業 4.0 的意義

A. 坎普克（A. Kampker）
C. 德士肯（C. Deutskens）
A. 馬克思（A. Marks）

在第四次工業革命的背景下，通過工業的相互聯合，能夠更加提高效率。通過學習型工廠可以更快地獲得最新資料，以及時進行優化。因此學習型生產系統是工業 4.0 受益方。

電動車現在已經發展成為可以替代傳統燃油汽車的另一選擇。當今社會的大趨勢，新生態及出行方式，令人們深思自己的移動方式。下降的排廢限值以及上漲的燃料價格是日常生活中對該趨勢的體現。不過，只有解決成本高、續航里程短的問題之後，才能實現電動車的普及。

在這種背景下，電動車的創新引起爭議。克裡斯提森（Christensen）認為，爭議源自價值體系。技術的發展遭遇價值體系的限制。通常都是由大眾市場的使用者來評定產品的好壞。而有爭議的技術需傳統價值體系歷經長期改變後才能得到認可。

在短期內，使用有爭議技術的產品與主流產品對比，可能被視為品質較差的產品，但是，克裡斯提森認為，此類產品的特性能夠吸引特定的小眾群體。它們可以稱霸小眾市場，其保有量對大眾市場來說並無影響。對於電動車來說，在大眾市場中的表現十分重要，此外，也可以在大眾市場上累積經驗。利用所累積的經驗，進一步發展技術、減小市場阻力，更加貼近大眾市場，以實現長期改變。

▶工程回報率最大化

電動車技術成熟度現狀還相當有限，除了小眾使用之外，無法擴大市場。由於功率問題受限的小眾市場，也正好因其數量少而凸顯個性，但同時帶來更高的成本。圖 3-10 展示了成本及數量的關係示例。兼具個性化及經濟型的產品空缺可以通過小眾市場的汽車小型批量生產，如「艦隊式」業務實現。即便如此，也需要控制初始投資以及研發消耗（時間及金錢）。應遵循將客戶個性化戰略與經濟型生產優勢結合的路線。目標是提高工程回報率（Return on Engineering，ROE，產品使用與所投入的研發及生產消耗之比）。

由於需求週期越來越短，因此需要將研發到供貨的時間縮短到最小。為此需要選研發階段相應的交流工具、定義相關流程。此外，應盡量使用模組化（模塊化）生產結構，用最少的設計變化實現產品的多樣化，從而控制新產品研發消耗。生產啟動也需在最短時間內完成，只有高度靈活的總裝才能實現這點。相對於傳統汽車研發週期，目標是減少一半時間。

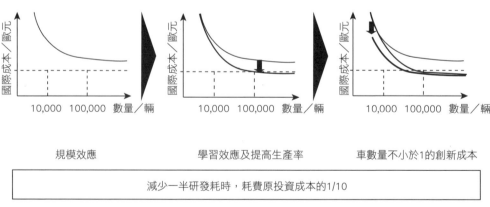

圖 3-10 工程回報率

除了縮短生產時間以外，還需要（如上文所提到的）優化生產、相應的投資成本以及生產數量。總體來說，在人力成本高的國家，趨向於使用昂貴、高

度自動化的工作系統實現高產量同時保障靈活度。由於產量不定、總裝物品
及流程可能產生巨大改變，因此需要一個數量可調的生產系統。生產結構及
啟動的目標投資額為傳統投資的十分之一。

▶通過學習型工廠實現

電動車及其技術的發展依賴能夠實現上述目標的結構。為了實現產品進一步
研發，企業需要在成本不變的情況下由技術支援的、互動的優化流程。此外，
還需要一個工作環境，能夠使員工及基礎建設適應持續變化的產品及流程，
以及在短期內能夠應對個性化產品趨勢。

上述的優化流程，只能通過自我優化的學習型生產系統實現。該系統及其元
素需能夠適應改變。自我優化流程分為三個階段。

第一階段：通過選擇、調試、推廣確定目標。

第二階段：分析現狀。

第三階段：調整參數，結構以及方法。

在第四次工業革命的背景下，通過工業的相互聯合，能夠更加提高效率。通
過學習型工廠可以更快地獲得最新資料，以及時進行優化。因此學習型生產
系統是工業 4.0 受益方。

自主優化及因此帶來的變化（不受影響因素限制），只有具有改變能力才能
實現。共有八個影響因素：普遍性、中立性、移動性、可調性、模組化、相
容性、標準化以及帶有目的的改變。對進一步研究產生影響的首先是生產的

模組化、可調化結構，而這又符合通用性以及在變更時的移動性。生產系統所有元素的結合需要高度靈活性，因此，工業 4.0 時代，實體元素對於工廠的可變能力至關重要。

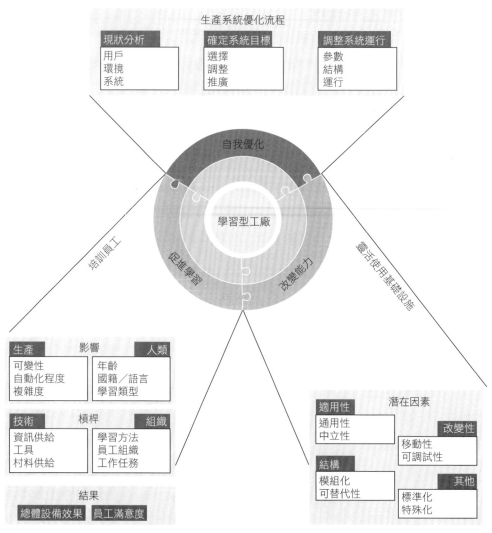

圖 3-11 學習型工廠組成元素

產品、流程及環境的更改會對員工帶來麻煩，出於經濟型考慮需要儘快處理。因此，促進學習總裝系統迫在眉睫。所謂「促進學習」意味著系統的技術（資訊供應等）以及組織（學習方法等）形態。全部設備可用度越高、員工越滿意，該形態越成熟。對於第四次工業革命，您才是傳授改變能力的導師，保證人類作為靈活的生產要素地位。

在滿足了這三個要素之後，普通的生產環境將轉變為終身發展式生產環境（學習型工廠）如圖 3-11 所示。這樣，才有可能在技術發展有限的情況下，應對小產量、易變的市場。

▶ ZEP 作為學習型工廠示例

新成立的企業、中小型企業通常缺乏進一步研發尚未成熟技術的資金及時間。也缺乏資金及時間來制定生產方案，將技術不同發展階段投放市場。為了使電動車能夠立足市場，需通過電動汽車生產中心（Zentrum für Elektromobilproduktion，ZEP）努力推進研究及工業領域的合作。

通過這樣一個網路，將進一步推進電動車的生產研究，降低電動車價格至消費者能承擔範圍之內的同時，制定出成熟的技術解決方案。

此外，由於該研究貼近實際，研究成果基本可以直接應用於實踐之中。

電動車實驗室（eLab）、啟動工廠和展示工廠（兩者統稱為 DFA）將聯合研究產品全週期，從產品研發、生產流程確認、批量啟動直至批量生產。「街頭滑板（StreetScooter）」直接將研究成果用於實踐，後文將進一步詳述（如圖 3-12，見第 96 頁）。

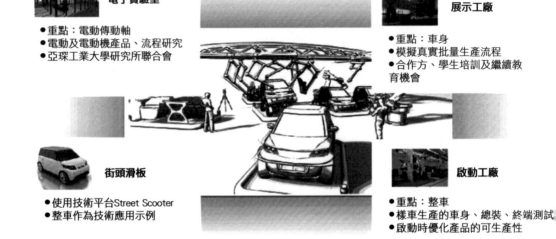

電子實驗室
- 重點：電動傳動軸
- 電動及電動機產品、流程研究
- 亞琛工業大學研究所聯合會

展示工廠
- 重點：車身
- 模擬真實批量生產流程
- 合作方、學生培訓及繼續教育機會

街頭滑板
- 使用技術平台Street Scooter
- 整車作為技術應用示例

啟動工廠
- 重點：整車
- 樣車生產的車身、總裝、終端測試
- 啟動時優化產品的可生產性

圖 3-12 電動車製作中心的結構

eLab 主要負責研發新型傳動系統，用於降低電動車生產成本。為了將來能夠既降低價格、又保證汽車的動力，需要一套完整的研發方案。為此，需要將不同的工程領域融合起來，作為研發、優化、保證部件品質、生產電動傳動軸雛形的前提。而只有通過相應的（資訊）技術以及結構平臺才能夠實現工程領域的融合。還要不斷分析不同的部件及其生產流程，並將相應的資料傳送給相關介面（接口）。如需要，將按照既定的功率目標進行分析，而該目標通過改變相應的流程參數及結構實現。這就是一套自主優化的學習型系統的範例，通過此類系統可以大力推進電動車技術的發展。

啟動工廠作為電動車產品週期的下一步，負責研究在批量啟動時，由於有限的電動車技術經驗以及複雜的流程而帶來挑戰。研究重點是可生產性。為此，需要在擁有類似批量生產條件的環境下，進行試驗，以保證產品及生產流程之後可以真正地用於批量生產。電動車生產面臨的主要問題有：使用新型合

成材料的車身，如電池包等重要部件的組裝以及對新車的技術終端測試等等。而對於這些問題的研究都要與「技術成熟度」這個目標結合起來。

有關產品及流程的資訊將及時傳達到相應介面，及時實現優化。通過這種方法，除了保障相應的用於技術性自我優化的基礎設施（通過生產的模組化結構以及擴展可調性）之外，還提供了高度的可變化能力。此外，由於產品／數量多變，員工能力有限等問題，需要添加促進學習的元素，並將該元素與短時間提高生產率的目標結合起來、共同發展。

DFA 作為另一個能力中心，為小型批量生產試驗、驗證及進一步研發生產方案。通過生產模型以及結束研發的產品，DFA 除了生產電動車外，也為每個企業提供機會，來模擬在現實環境中規劃在本企業中進行的批量生產。

為此，DFA 提供資訊回饋之外，還提供一套通用的、可移動式生產流程，用於試驗不同的產品與優化流程。除試驗性生產流程以及研究之外，員工的繼續教育也是重要的組成元素之一。

通過針對促進學習式工作形態的試驗以及對試驗成果的使用，您將獲得外部培養員工生產自己產品的理想平臺。此外，通過從機器層面到工廠層面的聯網，將實現不間斷即時監控。

總而言之，用於加速電動車領域突破的研究及工業領域合作分為三個環節。科研成果將在實際環境中驗證並在工業中推廣，而此處主要的增值來自與企業間直接的相互作用。

▶街頭滑板在實踐中學習

2011 年，街頭滑板（Street Scooter）公司成立。成立原因在於大家相信，在現實生活中，存在特定的人群對電動車有實際需求。最新的科研技術，結合對電動車領域陌生、但熟悉本行業的企業，成功地實現了該設想。

作為 ZEP 的一部分，街頭滑板肩負著雙重角色，一是作為市場及市場需求的探測器；二是將新理念及科研結果用於實踐，成為技術平臺。在 ZEP 之外的電動車的實際生產，將應用上文所述的學習型工廠的三大支柱，並根據特殊需求進行改良。

學習型工廠（自主優化的學習型生產系統）的核心，經微調之後融入街頭滑板。多極化的發展網路幫助所有參與者分析各個部件，並提供平臺，以優化恰當的介面。經負責人檢驗後，可通過調試細節實現整體優化。通過這樣一個平等的、產品特殊要求少、交流不複雜的網路，可以更好地利用知識、發揮創新能力。

不同於傳統的等級制供應商結構，企業擁有更高的自主性，可以直接進行資訊交流，並根據自己的理解立即進行實施。這種方式的主要元素有：協助式、信任的合作關係，合作夥伴的多元化，以及由內置產品壽命管理系統支援的相互交流。

作為生產流程以及生產個性化小眾產品的企業所不可或缺的特性，「改變能力」經通過有效率的研發流程獲得。而此時，客戶的價值就成了工程回報的中心，因此要在產品研發初期就將未來的買方融入進來，以避免由於不清楚企業及客戶需求導致的過度設計。通過儘早地協調實際條件與客戶個人的願望及限制，可更加有效地使用現有基礎設施。

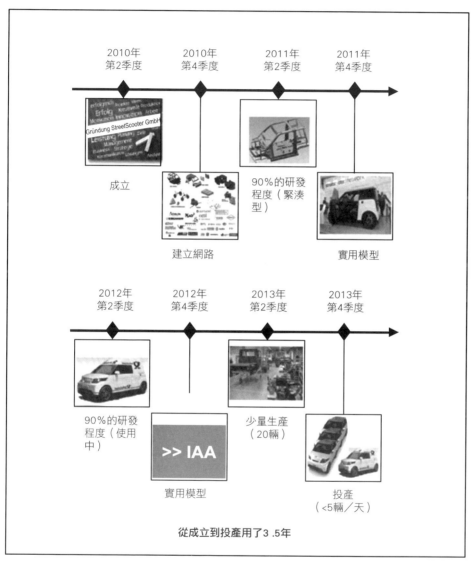

圖 3 -13 街頭滑板專案歷程

數量及車型的變化需要總裝工人能夠及時進行調整。街頭滑板的技術平臺使
相應的流程成為可能（如圖 3-13）。產品與流程的融合式研發，以及同時進
行的產品及流程模組加工，將內部複雜度降至最低。

模組化系統限制了總裝及產品方案的數量。用於促進學習的重要的、恆定的工具和材料，以及隨時隨地可用的資訊和指導，簡化並推進促進學習式形態。如此一來，工人只需具有一定的生產水準便可迅速生產相應的產品。

通過街頭滑板的 Carrier（運輸車）可以證明，學習型工廠可以在最短時間、有限投入的情況下，實現個性化批量生產。該車從立案到批量投產僅耗時 3.5 年，如今已有 50 輛街頭滑板 Carrier 為德國郵政服役，每日運送信件及包裹。

而這種「艦隊式」業務正是能給電動車發展帶來突破的小眾市場。比如維修車就可能成為電動車個性化批量生產的下一個市場。隨著城市化大趨勢繼續發展，城市間距離逐漸縮短，如果充電站密度增加，那電動車進入主流市場將成為可能。

參考文獻

Christensen, C. M. (1997). *The innovator's dilemma - when new technologies cause greatfirms to fail (Microsoft Reader edition)* (S. 11). Boston: Harvard Business School Press.

Adelt, P., Donoth, J., Geisler, J., Henkler, S., Kahlö S., Klöpper, B., Krupp, A., Münch, E., Paiz, C., Romaus, C., Schmidt, A., Schulz, B., Tscheuschner, T., Vöcking, H., Witkowski, U., Znamenshchykov, O., Oberthuer, S., Witting, K., Stöcklein, J., & Porrmann, M. (2009). Selbstoptimierende Systeme des Maschinenbaus - Definitionen, Anwendungen, Konzepte. In J. Gausemeier, F. J. Rammig, & W. Schäfer (Hrsg.), *Selbstoptimierende Systeme des Maschinenbaus* (S. 18 - 28). Paderborn: W.V. Westfalia Druck.

Heger, C. L. (2007). Bewertung der Wandlungsfähigkeit von Fabriken. In P. Nyhuis (Hrsg.), *Berichte aus dem IFA*, Garbsen: PZH.

4

第四章

工業 4.0 的核心
主題及發展戰略

在工業 4.0 的背景下，日益增長的社會科技互動將每個有價
值的參與者和資源聯網，而增加對新形式的資訊與通訊技
術的投入，將給分散式生產帶來更高的概率。儘管工業 4.0
有著巨大的潛力，然而，不得不考慮的是，這個理念現在
還只是處於發展的初期階段。這些假設與構想還有待各種
不同研究機構的調查與檢驗。

本章重點

生產工作的發展前景

哈特穆特 · 希爾世—克萊森
（Hartmut Hirsch-Kreinsen）

工業 4.0 系統的安裝過程和投入生產被認為是一個漫長的過程。在這個過程中，活動和工作結構必須要顯示出高度的靈活性和出色的解決問題能力，並且不能夠輕易就為某個狀態（最終狀態）下定論。

工業 4.0 系統是在社會工作和政治工作的龐大訴求基礎上誕生的。因為智慧生產系統在其廣泛的應用過程中，將會不斷地對目前的生產景象產生深遠影響。原有的流程和工作結構將發生顛覆性的轉換。原來的順序式的、事前優化流程式的工作模式被即時操控模式所替代。

在下面的內容中，我們將對未來可能的轉換趨勢進行討論，並對智慧生產系統應用框架下的生產工作的設計挑戰進行展示。以下分析內容主要關注的是公司內部的工作轉換趨勢，並不涉及到企業之間生產關係的變化趨勢。下列論據均來自於作者對文中所注明的工作研究（社會學方向）領域相關文獻進行認真思考和系統總結。這些文獻都在其內容中對不斷進步的自動化系統下的生產工作變化進行闡明。

▶變化的維度
關於新技術之間相互協調作用的分析，和由此誘發的人事和組織結構的變化，通常需要考慮到整個生產系統及其所有相關事務。

因此，新的生產系統的出現總跟隨著一場長遠追溯的工作社會學辯論並建立起相應的社會技術系統。因為只有這樣，那些和工作設計可能性的發展前景相關的論點才能夠充分成立。因此我們還必須對生產工作進行更深層次的理解。因為可預見的變化趨勢所涉及的都是工業企業中直接或間接的增值活動。

也就是說，關於變化趨勢的預見涉及到生產人員的操作水準、生產過程的中下層管理領域以及技術專家小組。如果人們遵循這樣的分類規定，那麼就可以證明變化趨勢和生產工作的設計可能在以下的範圍中是意義重大的。

▶人─機介面

其出發點在於人─機的直接交互行為範圍。其工作設計上最主要的問題也是挑戰存在於，該系統下的工作人員可以在多大程度上控制它，並承擔起系統營運的責任。原因是，由於系統的功能距離和資訊距離過大，往往監視人並不是在任何情況下都有能力做到這一點。

以檢測活動為例，它並不直接指的是車間內的物理設備流程或材料設備流程，而是通過控制室進行統一安裝。結果是，許多操作者一直以來所依賴的非正式的回饋現象，如震動、聲音和味道都被消除了。操作者就不再能精準地判斷設備的狀態，又或者他們會很容易在人為介入自動化生產的過程中做出錯誤的決定。因此它主要指的是新系統由於其突出的複雜性和固有的不可預測性所產生的技術不可控性。關於這個現象，自動化研究有一個說法叫做「自動化的諷刺」。它說的是，由於自身的高度統一性和不變性，自動化工作流程在障礙發生時只會導致更加難以克服的、混亂的工作情景。在這樣的情況下，那些在自動化企業中所缺失的資質就有理由變得十分必要的了。

工作社會研究發現，行為方式，比如直覺和嗅覺，以及頭腦作用下本能的行

為或感覺、同情心等，恰恰與那些看似複雜的設備是緊密相連的，也可以理解成為是主觀工作行為的一部分。

最後才與技能掌握程度高低相關，能力是理論知識和實際經驗的結合。這種特殊的專業能力是每一位稱職的設備操控者所應該具備的最重要的素養。因為這樣的專業能力往往代表著工作人員在設備遇到不可避免的故障時，所展現出來的根據豐富的經驗而採取的工作行為。當然，相應的系統設計也同時必須確保這些高水準的勞動者也能夠高效地完成自己的監測任務。

▶操作性工作層面

另一個重要的層面和挑戰是智慧生產系統背景下操作層面上的任務設計和活動結構。根據這一初步研究結果，人們可以大致預測到發展趨勢如下：

- 首先，我們可以預測到，大量對能力要求低的工作崗位，以及簡單的、重複性高的勞動將被智慧系統所取代。如在物流、機器操作和迄今為止一直採用人力的資料獲取和輸入領域。即使如此，智慧系統將會在多大的程度上進行取代，目前還難以預測。

- 其次，對於早期的技術工種從業者來說，這個「去技能化」的勞動趨勢讓他們感到害怕。比如，簡單的機器操作，物質和材料操作設置和其他的許多控制和監視行為，都不再需要特定技能的加入，而是被自動化了。即使是生產物流領域的計畫支配也可以借助新的系統部分自動化。由於生產設備在生產過程中所需要的物品大多是獨立於生產設備之外的，因此和生產這部分物品相對應的雇傭工人並不是不可少的。所以他們只在很個別的特殊情況下才會參與到生產流程中來。

在相關的研究中，上述的低技術性工作被歸為「剩餘類別」，和那些對技術水準要求高的生產工作區分開來。而所謂對技術水準要求的生產工作，就是指那些完全不可以或者僅有一小部分可以採用自動化的。其中包括擁有嚴格標準的維護管理和裝備工作、特定的鑲嵌工作、原料和成品的供應工作或認為生產行為還需要專家或豐富經驗的工作。一個可能的結果是，公司現在可以以比原先更低的成本雇用那些低技術工種供職人員，並且花費更少的培訓時間。對於這樣的一批工人來說，他們的生存空間自然因為精準系統的出現而大大被壓縮了。

- 最後，我們也可以預見，在未來的工作環境中，技能性和勞動豐富性將會大大提升。原因可能是生產複雜性的增加，以及決策、控制和協調功能中資訊技術的分散。

因此，與之相關的從業人員們被要求在操作層面上能夠更加獨立地進行計畫，並協調工作流程。而且他們必須對整個生產流程、物流及配送之間是如何共同作用的擁有更廣泛的理解。另外，除了對知識水準要求不斷提高外，社會能力也愈發的重要。

原因是，在之前相對獨立的交互需求功能領域（真正地以電腦為媒介），由於受到人群的不同和功能領域的增加，如今集中程度也越來越高。因此，在研究中，使用關鍵字「技術工人工程師」所表達的範圍已經不再是傳統的手工勞動，還包括越發重要的特定的程式設計（編程）技能，以及複雜系統的控制、操縱和設置技術。

除了前面所提到的任務要求和能力要求，操作工作設計上，新系統技術的高度控制潛力在某些條件下可能會需要付出代價。問題是，這是指的哪些可能

性以及怎麼把它們實際應用到公司裡，現在還不好回答。但是，從業人員和工作人員利益代表能否接受新技術，更主要取決於他們對新技術的應用可能帶來大批「透明員工」現象的擔心。

▶間接領域和領導層面

如果有人問，生產工作在等級維度中是如何改變的，到目前為止，很少有明確的研究結果。

規劃和管理領域中更高等級層面的研究成果可能和系統引用並無直接的關係，但是它們對社會技術系統設計的影響是不能忽略的。人們可以對等級層面上系統安裝中相互矛盾的「放射效應」做如下總結：

- 首先有證據表明，由於系統分散的自主組織和操作層面上相對靈活的工作安排，在領導層面上，一部分由技術專家按照生產管理實施的計畫和控制功能正在「向下」發展。也就是說，和工業 4.0 系統相結合的是，在相對來說已經更加偏向於「扁平化」結構的工廠架構中權力的下放和層級制度的下臺。

- 其次，在間接領域裡的一系列任務也實現了自動化，它們的工作因為自動化而簡化甚至被徹底取代。按照系統設置，這可能涉及到計畫和控制任務、維護與保養、服務活動和品質保證等。

- 最後，複雜程度將會繼續增加，該領域新的規劃任務也將出現。一些現象表明，鑒於系統的複雜性，「故障排除」任務將變得更加重要。此外我們可以認為，在規劃和管理層面上，一些原先單獨的任務將更多地和能力，比如 IT 能力和生產能力融合在一起。

由於處在轉換階段的控制能力還存在自相矛盾的情況，局面將會更加地不明了：根據柯尼克爾（Kinkel）等人（2008）的調查，智慧生產系統及其對真實流程環節的資訊技術投影為生產管理開發了無限的新可能，尤其是針對流程控制和故障診斷。

這同時也意味著我們需要期待許多新問題的解決辦法，以及能夠有效處理龐大資訊量的篩檢程式。當然，我們也不能排除，規劃領域的自主系統和生產指揮系統由於自身的複雜性，其流程將會繼續保持非透明狀態。這樣的話，因為系統本身的原因，現有管理組的決定能力就必然轉移到了操控層面。這樣做的結果是，管理者對新技術的出現並不會表現出恐懼和不接受。

以上所說的目前看來還不完全明確，但從這些現象我們可歸結出，那就是工業 4.0 系統的安裝將會為規劃領域和管理領域帶來長遠影響。還有，這種變化和與其相符的工作設計對管理層面來說也是掌握新技術必不可缺的前提。

▶工作組織的分散模式

如果認真總結工作結構和資質結構的變化，我們可以獲得以下發現：首先很清楚的是，完全自動化和無人車間因為技術和經濟原因並不能實現。並且，關於智慧生產系統的工作並沒有一個所謂的「最佳方法」，有的更大程度上是工作結構的多種分散模式。這些模式很好地體現了工業 4.0 系統內的各式各樣的工作設計。

我們用兩級來限定工作組織豐富的分散模式：
其中一級和一種以企業內部非均質化任務（如資格能力和人員設置）的趨勢相符合。它一方面在生產系統中包括那些並沒有太多迴旋餘地，只不過是變

專業水準高的專家
擁有大的升遷空間

工程師、特殊技能人才

簡單勞動
熟悉工種

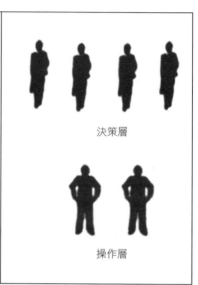

決策層

操作層

圖 4-1 兩級結構

專業水準高的員工
擁有大的升遷空間

工程師、
特殊技能人才、
專業工人

決策層和操作層

圖 4-2 群結構

110

得稍微簡單一點的事務。這些工作最後輸出的是持續標準化的監視和控制任務。另一方面，規模擴大的或新成立的一批高素質專家和技術專家在一起工作，他們的技術水準顯然遠高於當初的專業水準。

這些專家不僅僅致力於解決故障中的疑難雜症，而且還承擔部分生產管理中的不同任務。這些工作人員和一般的員工不同，無疑是可預見的技術助力的贏家。該工作組織模式尤其適合那些在今天的高科技公司中早就已經存在的情況。一方面是分散化和任務擴展模式的矛盾結合，另一方面又以結構化和標準化為特點。只要企業按照該方法建立工作組織架構，就能幫助企業避免複雜的技術創新以及充滿風險性和不確定性的結構創新。這種工作結構模式簡化後又叫兩級架構，如圖 4-1 所示。另一級則由另一種工作結構模式形成——形象地說，人們又可以稱之為群結構，如圖 4-2 所示。

這種結構形式的目標是，員工在擁有高技術能力的基礎上通過盡可能高的開放性和靈活性，運用自身工作能力和工作經驗去應對隨時可能發生的未知故障和特殊狀況。這種工作組織最大的特點是通過一個鬆散活躍的網路，將同等程度的資深從業人員們組織在一起。這裡並不涉及簡單的和低資格的工作。因為他們將來很有可能被自動化替代。這種組織模式的典型標誌是，它並沒有針對單獨員工的特定任務，更多的是工作小組根據和技術系統相關的待解決問題的具體情況獨立組織處理，這樣的工作方式靈活性也很高。

但是在指揮層面上都有一個提交上來的總體行動框架、基本行動規則、戰略目標及共同方向，以及指揮介紹，這些都是為如何能夠設計出零故障及最優化的技術流程而提出的。換一種表述，這種工作結構模式的目的在於能夠確保溝通合作的非正式社會流程，與之相關的超實用性和員工們不斷累積的專業知識的溝通和共享。

▶工作設計的操縱桿

由於智慧生產系統顯然在生產工作上有著許多截然不同的設計可能，那麼問題就來了，什麼樣的針對工作設計的操縱桿有影響力？我們對與複雜生產系統運用相關的文獻進行總結，發現每個企業所遵循的自動化概念、和它有關的新系統的形式過程和安裝過程都扮演著重要的角色。

▶可替代自動化概念

雖然人們普遍認為自動化技術不可能決定工作的設計，但是自動化程度依據具體系統設置的不同也大不相同。根據已有的文獻，要總結自主生產系統的概念，那就也可以談談發散性的系統概念。

- 首先可以談談以技術為中心的自動化概念。這個概念主要被使用在工作功能大量地被自動化設備替代的情況下。在這種情況下，使用人力的工作行為具有補償性的特點。其餘的任務是難以自動化或者不可自動化的。其中大部分的監視工作都屬於這樣的任務。換句話說，人力工作行為在這時擁有替代性，並且這種系統設置的最終結果就是完全自動化。毫無疑問，隨著系統概念的出現，工作設計中愈發親密的空間將會互相建立起聯繫。

- 其次，我們也可以談談補充的自動化設備行為。該設計概念主要用來集中在人和機器之間的工作分配與設計上。合理的工作分配可以讓整個系統達到讓人滿意的性能狀態。這是以可以鑒別人力工作和技術性自動化系統的強勢和弱勢的「人—機交互」全面共同的未來為前提的。至於工作設計，我們可以建立一個在該系統概念下可以用多種不同方式使用的技術框架。

- 一些相關的社會科學文獻一致認為，一個補充性的系統設置說明了對自動化生產系統的技術潛力和經濟潛力進行優化使用的前提。因為它不像以技術為中心的自動化概念，只把破碎的殘餘功能委託給工人。補充概念為工作設計開創了許多的可能性，把在使用複雜設備工作過程中的意識問題和回饋問題降到最低，使非正式的工作行為和持續不斷的學習可能性成為現實，並實現對系統的充分控制。

▶安裝過程

此外應該強調的是，不僅僅新型生產系統主要的發展過程和設計過程十分重要，其安裝過程的細化程度對工作設計來說也起著決定性的作用。因為只有在真正的系統安裝過程中，整個社會技術系統的設計在技術方面、工作結構方面和人性化方面才會具體化。企業內部的安裝過程對最終的系統設置和由始至終貫穿的生產工作模式的意義最主要取決於，新型智慧系統在企業的安裝，不可類比其他成熟的「隨插即用」式流程，因為將智慧工廠作為一個整體概念，用「綠色」的方式引入企業的概率很低。

一般來說，人部分自主系統首先作為獨立應用，在特定生產單元內套用安裝企業內已存在的技術組織架構進行集成。因此在時間冗長、花費昂貴的具體安裝過程中，一個能夠將新系統和企業現有條件相協調的流程是絕對必要的。那些擁有現有資料庫和系統的新系統的調節校準費用尤其昂貴。因此總的來說，工業 4.0 系統的安裝過程和投入生產被認為是一個漫長的過程。在這個過程中，活動和工作結構必須要顯示出高度的靈活性和出色的解決問題能力，並且不能夠輕易就為某個狀態（最終狀態）下定論。

參考文獻

Abel, J., Ittermann, P., & Steffen, M. (2013). *Wandel von Industriearbeit. Herausforderung und Folgen neuer Produktionssysteme in der Industrie.* Soziologisches Arbeitspapier Nr. 32, TU Dort-mund.

Ausschuss für Bildung, Forschung und Technikfolgenabschätzung (2008). Zukunftsreport: Arbeiten in der Zukunft Strukturen und Trends der Industriearbeit. *Deutscher Bundestag Drucksache,* 16, 7959.

Bainbridge, L. (1983). Ironies of automation. *Automatica,* 19(6), 775-779.

B hle, F. (2013). Subjektivierendes Arbeitshandeln. In H. Hirsch - Kreinsen & H. Minssen (Hrsg.), *Lexikon der Arbeits - und Industriesoziologie,* Berlin (S. 425-430).

Cummings, M., & Bruni, S. (2009). Collaborative Human - Automation Decision Making. In S. Nof (Hrsg.), *Handbook of automation,* Berlin (S. 437-447).

Forschungsunion/acatech (Hrsg.) (2013). *Umsetzungsempfehlungen für das Zukunftsprojekt Industrie 4.0. Abschlussbericht des Arbeitskreises Industrie 4.0.* Frankfurt am Main

Geisberger, E., & Broy, M. (2012). Agenda CPS. *Integrierte forschungsagenda cyber - physical systems.* Heidelberg.

Grote, G. (2005). Menschliche Kontrolle über technische Systeme-Ein irreführendes Postulat. In K. Karrer, B. Gauss, & C. Steffens (Hrsg.), *Beiträge der Forschung zur Mensch-Maschine-Systemtechnik aus Forschung und Praxis.* Düsseldorf (S. 65-78).

Grote, G. (2009). Die Grenzen der Kontrollierbarkeit komplexer Systeme. In J. Weyer (Hrsg.), *Management komplexer Systeme.* München (S. 149-168).

Hirsch - Kreinsen, H. (2009). *Innovative Arbeitsgestaltung im Maschinenbau? Soziologisches* Arbeitspapier Nr. 27, TU Dortmund.

Hollnagel, E., & Bye, A. (2000). Principles for modelling function allocation. *International Journal of Human - Computer Studies,* 52(2), 253 265.

Kaber, D., & Endsley, M. (2004). The effects of level of automation and adaptive automation on human performance, situation awareness and workload in a dynamic control task. *Theoretical Issues in Ergonomics Sciences,* 5(2), 113-153.

Kinkel, S., Friedewald, M., Hüsing, B., Lay, G., & Lindner, R. (2008). *Arbeiten in der Zukunft: Strukturen und Trends der Industriearbeit.* Berlin.

Kurz, C. (2013). Industrie 4.0 verändert die Arbeitswelt. In *Gegenblende. Das gewerkschaftliche Debattenmagazin.* www.gegenblende.de/24 - 2013 (15.01.2014).

Lee, J. D., & Seppelt, B. (2009). Human factors in automation design. In S. Nof (Hrsg.), *Handbook of automation, Berlin* (S. 417-436).

Neef, A., & Burmeister, K. (2005). Die Schwarm Organisation Ein neues Paradigma für das e-Unternehmen der Zukunft. In B. Kuhlin & H. Thielmann (Hrsg.), *Real - Time Enterprise in der Praxis.* Berlin (S. 563-572).

Schuh, G. & Stich, V. (Hrsg.) (2013). *Produktion am Standort Deutschland. Ergebnisse der Untersuchung* 2013. Aachen.

Schumann, M., Baethge Kinsky, V., Kuhlmann, M., Kurz, C., & Neumann, U. (1994). *Trendreport Rationalisierung. Automobilindustrie, Werkzeugmaschinenbau, Chemische Industrie.* Berlin.

Spath, D., Ganschar, O., Gerlach, S., Hämmerle, M., Krause, T., & Schlund, S. (2013). *Produktionsarbeit der Zukunft-Industrie 4.0.* Stuttgart.

Sydow, J. (1985) *Der soziotechnische Ansatz der Arbeits - und Organisationsgestaltung.* Frankfurt am Main/New York.

Trist, E., & Bamforth, K. (1951). Some social and psychological consequences of the long wall method of coal - getting. *Human Relations,* 4(1), 3-38.

Uhlmann, E., Hohwieler, E., & Kraft, M. (2013). Selbstorganisierende Produktion mit *verteilter* Intelligenz. wt-online, 103(2), 114-117.

Windelband, L., et al. (2011). Zukünftige Quali.kationsanforderungen durch das „Internet der Dinge"in der Logistik. In FreQueNz (Hrsg.) *Zukünftige Qualifikationserfordernisse durch das Internet der Dinge in der Logistik, Zusammenfassung der Studienergebnisse,* (S. 5-9).

工業 4.0 大背景下的
生產系統的實現

約翰‧多澤（Jochen Deuse）
科爾斯騰‧懷斯訥（Kirsten Weisner）
安德雷‧橫斯特貝克（Andre Hengstebeck）
費力克西‧布希（Felix Busch

第四次工業革命是否成功，極大程度取決於設計方案是否成功而有針對性地在組織這個方面做出了決定性改變。人力與技術因素應該依據組織的設計與架構調整和定位。

在全球化競爭壓力不斷增長下，德國工業企業在時間和成本方面暴露出越來越多的壓力。此外，客戶對於產品和服務的個性化需求不斷攀升，變數不斷增加。隨著對資源更有效地利用的需求，和生產過程中對性能、靈活性、速度同時提高的需要，現代工業系統的複雜性越來越明顯。

此外，人口結構變化和其帶來的後果，在新的一年中，將給德意志的工業地位帶來更深遠的影響。隨著人口高齡化，人口數量驟減，導致勞動力時常明顯的的動盪。要在動盪變化的領域中長期立足，工業企業不得不盡全力再三的提高生產力和靈活性。

▶核心元素是資訊物理生產系統

2012 年，在網路上被稱為第四次工業革命的這個概念演變為「工業 4.0」，其核心元素是資訊物理系統，借助於這個系統，電氣情景自動化和空間分布的生產資源可以得到有效追蹤。關鍵點是要考慮所有相關的規劃和控制系統，其中應當包括所有邊界內的獨立資訊的交換和獨立決策。而其前提是各種資源及系統的完整整合。

在這種背景下對生產系統中的網路物理系統的資訊與交流進行整合，促成了所謂網路空間虛擬系統—資訊物理生產系統（CPPS）的形成，這意味著智慧工廠的誕生。CPPS 的目標是建立普遍適用於整個生產週期的普適程式鏈（程序鏈），以期雙重提升生產的靈活性與效率。所以應該通過引進 CPPS 來實現這些可能性，儘管想要將這個個性化定制的，反應迅速的和反應友好的工業系統投入使用，需要大量分散的和部分強異構的生產資源的支撐。

為了克服不斷增加的複雜性，這項必要的技術投入及緊密聯繫的工廠需要一致標準的產業鏈。工業 4.0 的實施將使企業員工可以根據形勢和環境敏感的目標來控制、調節和配置智慧製造資源網路和生產步驟。這避免了因為智慧生產帶來人員的大幅度裁減，因為人們將在崗位上更加得心應手。

除了資訊與通訊技術外（IKT），CPPS 的建設首要考慮的就是結構和基礎設施，不僅要考慮工業生產時間過程的整體設計，也要考慮工作人員各自的特點與能力。我們主要考慮的就是怎樣在開發與實現工業 4.0 系統的時候，使得人力、技術和組織能夠得到更好的整合利用，使得企業能夠擁有持續的競爭力。在這樣的背景下，應該認真研究人力、技術與組織間形成什麼樣的鮮明的關係，才能保障工業生產過程在工業 4.0 的大前景下長期穩定而又高效。以下我們將就幾種不同的工業 4.0 的設計方案做出討論。

▶現有生產系統的設計方法

過去，在設計生產系統時，既要考慮人力因素，又要考慮技術因素。結果這種設計帶來了泰勒式的生產模式，引發工人在工作中的不滿情緒，1974 年出現了一個名叫「工作的人性化發展」的研究發展專案。該專案的核心內容就是持續不斷地減少工人的工作負擔，運用新的技術、科學的知識、實踐的經驗來提供人性化的工作環境，以保障工人的身心健康。具體方法包括給予員

工靈活自主的時間，豐富工作內容，工作去層次化，以及半自主化的工作組的設置。半自主化的工作組的核心思想是在一定程度上使工人心中對自己手頭的工作形成了一種無形的責任感。在這種方式下，個體和小組成員將極大程度地提高工作責任感與滿意度。雖然除了以人為本的理念之外，也能在一定程度上實現經濟目標，比如提高生產力，但是畢竟這些經濟目標並不能持續不斷地達到，許多不同的汽車產業的例子都可以印證該論斷。

基於這個原因，20 世紀 80 年代德國出現了一種名為電腦集成製造產業（CIM）的理念，這一理念也被稱為是電腦的集中生產，這一理念在當時曾引起高度的重視。這一設計的基本目標，包括完整的網路以及對從研發到品質控制的全過程的整體性思考。通過資訊手段的應用，實現了對生產和控制裝置的系統集成和不同軟體解決方案的集中應用。

電腦集成製造理念的決定性優勢是：其通過建立一個統一的資料庫，減少了循環時間，集中了企業的所有部門，大大提高了生產的靈活性。然而，仔細審視便會發現，過去的發展很顯然對於上述目標的實現，還是有很大的局限性的。在這其中，評論家們經常提到的一個缺陷就是，這些發展都局限於無人化的工廠發展，這將導致大量的失業率。在這些理念中，工作人員扮演的角色更像是一名顧客，這也是為什麼這些理念都沒有最終成功地應用在生產領域並取得長足發展的原因。

與上述的設計理念相反，本次設計，更傾向於設計一個在更為精細的管理下，實用性強而又以顧客為導向的方案。這個源於豐田的生產方式的精細管理理念，其目標是：避免任何形式的浪費、無計畫無章法，以及工作人員和設備超載與不穩定性。此外，這個設計還力求達到最好的品質，以期實現顧客價值鏈條的最大化滿足。近年來，通過實行精細化管理原則，德國的生產企業

和製造商們，在提高了其生產系統的顧客價值的同時，還極大的降低了生產
成本。

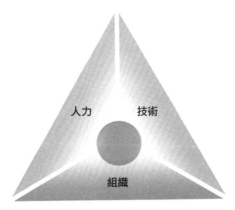

圖 4-3 CPPS 的核心理念

過去經驗清晰地表明：不論是在人力方面的單一改變，還是在技術上的單一
改變，都不足以顯著而可持續地提高生產力，甚至相反還會帶來一定程度的
負面影響。而相反，從組織構架上入手進行設計的理念卻在提高競爭力上帶
來了顯著的進步。因此，我們產生了一個構想：第四次工業革命是否成功，
極大程度取決於設計方案是否成功而有針對性地在組織方面做出決定性改
變。

人力與技術因素應該依據組織的設計與架構調整和定位。與此同時在日益動
盪而複雜的全球性競爭中，企業便有了設計出朝不同方向長遠發展的企業藍
圖的可能性。在一個以組織為中心的設計藍圖中，考慮社會科技的設計和生
產系統設計的前景是有著重要意義的。具體需要設計的包括新的分散式引導
和控制體系，包括大量自律性個體組織形成的合作體系，與系統結構相適應
的增強結構，以及基於人員調整帶來的越來越多的技術上的支援。圖 4-3 與
以上說描述的內容相關聯。

▶ CPPS 設計方案

在工業 4.0 的背景下，日益增長的社會科技互動，將每個有價值的參與者和資源聯網，增加對新形式的資訊與通訊技術的投入，將給分散式生產帶來更高的概率。這一發展專案很大的風險就是物流成本的增加，由於增加運輸時間和減少交貨時間，可能會損害客戶利益。為了規避這一風險，就很有必要形成一個以流程為導向的組織和控制規則。

結構化和定向的價值量是高效並且以目標為導向的技術投入的前提。在這樣的背景下，增值鏈上流程及結構的標準化構成了由 CPPS 以及生產自主控制實現的自主生產系統的基礎。只有實現了過程、介面和運行的可控性和穩定性，並能夠掌控和規避可變性，才能夠使得複雜的生產結構變得透明化。在監測生產的過程中，定義一套清晰明確的解決方案和參考流程，作為控制過程的統一規則，是實現自主化生產的前提條件。具體可以通過模型的分類與系統化、建立一套概念分類模式，和生產系統的重新構造來實現。

工業 4.0 的實現，除了需要發展科技的潛力外，人力也是 CPPS 的設計中不可或缺的一個基本元素。因此人類的靈活性與創造性，在未來的系統中，是自動化系統不僅是不可替代的，而且與之相對應，人類的智慧，可以借由資訊與通信技術的引入，得到保護與更大意義上的發展。在這個意義上應該要好好研發新的協同性的工作組織，使人在生產中能夠作為主動的載體，扮演決策性的角色。根據大環境和大背景，人類未來在生產中將會在空間分布、生產資源布控中起到控制、協調和通力合作的重要作用。

以上所述內容，以及不斷增長的越來越複雜的技術投入，和工作環境的頻繁改變，使得對於有能力的、有技能的員工的需求越來越高。因此，工作人員的能力等級與分布也應該相應地做出對照檢查，甚至是視情況做出調整。在

以流程為導向的工業理念下，建立一個系統的工作人員能力分配方案是必不可少的。工作人員將掌握需要以下技能：要能夠識別生產系統中的各個元素，要能夠辨明系統之間的界限，要能夠理解操作功能和系統之間的聯繫，並最終能夠預測系統的行為。

因此，擁有完整的作業系統能力將成為評判一名員工是否能夠成為 CPPS 中的決策者的基本技能和先決條件。以前的教學方法對於系統能力的培養顯然是有局限性的。基於此，為了能夠發展成為有競爭力的工業企業，立於不敗之地，企業也需要發展有競爭力的管理系統。此系統應以目標為導向進行工作調整，使工作人員的安排能夠適應不斷變化的工作任務，生產過程能夠不間斷地提升與發展。

除了不斷增強系統的能力外，適應科學發展的要求，也是工業 4.0 背景下的工業系統設計中應該考慮的。因此，未來 CPPS 的設計與人口變化帶來的挑戰與影響有著密切的聯繫。隨著員工平均年齡不斷攀升，產品生命週期縮短，以及對於新技術和工作流程的需求越來越高，生理學、認知工效學以及軟體工程學等領域的意義也越來越重大。與之相對應，流程工藝的發展以及對員工不間斷培訓的結構也有了極為重要的意義。除了在工作結構上對人員進行調整，也應該採取措施，使得人們更加適應工作。

一個比較實際的設計方案是，通過創新自動化系統簡化機械的裝卸、搬運與加工過程。使用固定而直觀的使用者介面，以及移動個人助理系統可以給員工的身體和精神活動帶來影響。通過輔助系統描述的單調繁瑣任務的自動化和收購，員工與控制系統的互動更具靈活性和適應性。整合創新的解決方案以及專業人員的智慧決策支援系統，使基本年齡結構和職業工效學設計很好地結合在一起，對工作產生積極的影響。

▶最新研究成果

以上設計方案表明，工業 4.0 還只是滿足入門方面的要求。儘管工業 4.0 有著巨大的潛力，然而，不得不考慮的是，這個理念現在還處於發展的初期階段。這些假設與構想還有待各種研究機構的調查與檢驗。德國多特蒙德工業大學的工業系統研究機構（IPS）對這項調查表現出了極大的積極性，該校在工業研究領域一直都是佼佼者。

近期結束的 BMWi 聯合專案 RoRaRb（管道及框架結構通過輔助機器人系統完成焊接任務），研究的就是技術輔助系統的應用及支援方式。（如圖4-4）。其中心思想是借助人體模型和機器人預設的系統模擬人機合作。此外，為確保安全，將會把這一系統借由人類工效學系統的概念開發的演示儀來直接進行測試。

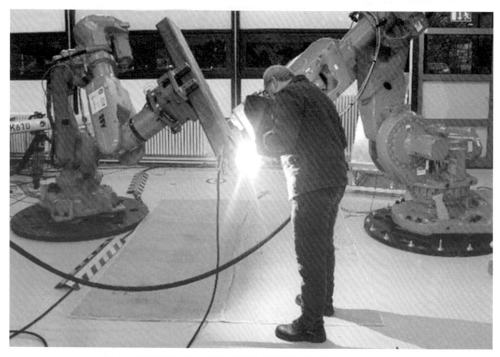

圖 4-4 焊接流程中投入的有機器人保障的輔助系統

除了改進技術輔助系統外，也可以借助人的力量，創造良好的工作環境在創新型設計和規劃過程，以及改善員工工作環境，充分發揮他們的技術水準和工作經驗。這是德國的個性化社會科學工作崗位輔助型生產專案 BMBF INDIVA 計劃的核心內容。該專案的目的，在人口不斷上升過程中，通過技術和組織領域上的調整，保證高品質的人體工程學設計的工業生產工藝。

為此，需要成功建立和實施高度靈活的混合裝配設施，使員工按照能力合理分配崗位。此外，需要新的覆蓋整個價值網路的工作組織結構，來激發員工的工作效率，並提供可支援個人終身發展的組織架構。個性化工模允許員工評估工作流程，因此提供了一個必不可少的工具，用於在早期構造符合人體工程學、兼顧人體承受力的工作場所。

VVBMWi 資助的聯合專案 MANUSERV（從手動流程到工業化伺服器機器人）研究對象是通過伺服機器人的使用，在工廠內部或外部，為手動工作流程提供協助。該專案發展的目標是建立計畫與保護措施，以期在社會技術工作系統中實現服務型機器人的使用。在這裡不僅要實現機器人系統的應用，還要提供一系列具體的設計方案。對用戶來說，未來可以通過新型流程描述語言將自動化流程標準化。這些數據將在下一步通過以規劃為核心的自動化方式來測試。

今後的目標是，設計、開發、生產有關的所有資料將通過感測器採集並進行分析，形成可自律操作的智慧生產系統。使生產設備因資訊物理系統而獲得智慧，使工廠成為一個實現自律分散型系統的「智慧工廠」。最新的有關智慧工廠的經驗表明，人體力學不僅在傳統的生產流程中起著十分重要的作用，而且在工業 4.0 的新型工業生產中，也將扮演重要的角色。所以軟體工程和資訊技術就十分重要，用升級「智慧工廠」中的「生產設備」，使生產設備

因 CPPS 而獲得智慧，使工廠成為一個實現自律分散型系統的「智慧工廠」。通過開發網路功能的硬體元件，使它盡可能地及時識別和更改系統上的圖像，並及時恢復資料。新興的和不斷更新的虛擬影像將被用來提供個性化和功能化的服務。

因此，無論是過程維修、維護和持續改進的加速製造系統都得到了大力的支持。這項技術投入使用的一個先決條件是數位資料的聯動在產品研發流程中的有效利用。這對於設計規劃環節尤為重要，例如，設計一個高成本低時耗的計畫對於生產來說是十分必要的。在生產系統中經常存在這樣的情景規劃。尤其需要強調的是軸承裝配的意義，因為在這個環節中總是會出現高比例的增加值。此外，這在很大程度上可能導致複雜性和高要求的交貨時間。這個框架描述了 BMBF 的研究動機，建立具有前瞻性的智慧工廠。此次研究的目的是開發研究軸承裝配生產過程的總體分類方法。在系統環境中，以模組化的系統為從 CAD 和 PDM（產品數據管理）和 PLM（產品生命週期管理）系統的數位工廠到適時靈活的提供了多種應用場景。集成的數位設計為有針對性的深度開發軸承裝配運轉系統的電位資料和軸承裝配智慧資料分析提供了可能性。

由於電子資訊的統一關聯，大數據（工業大數據）可變性增加。未來能夠及時應對多變的環境，適時的、智慧的提供並調整資訊變得更加重要。B3 子專案的 876 特殊領域專注於研究「自動化流程感測器數據挖掘」。

研究方案允許通過機械感測器持續收集生產流程的參數，並根據關鍵模式進行監控，通過這些監控式學習的方法可以推導出對產品質量的預測，並相應地告知用戶，現有的流程參數可否保證質量，還是需要修改，或是應該停止繼續生產加工。

▶工人、技術、組織形成有機體

CPPS 未來設計的目標是：工廠工人、技術和組織形成一個有機的整體。為此應該努力發展適用的方法和理念。基於 CIM 和「工作的人性發展」時代的經驗，以及精細經營管理的經驗，形成以組織為導向的理念，以客戶為導向的設計，有著非凡的意義，是值得強烈推薦的方案。這其中研究和發展的重點主要是關於人、技術和基於人的特點的設計——技術交流等角色之間如何分工。「智慧工廠」「人機合作」及「工業資料的挖掘」等主題將在這個背景下扮演越來越重要的角色。

參考文獻

Bauernhansl, T. (2013). Industrie 4.0: Nur ein Medienhype oder die schöne neue Produktionswelt? *ZWF Zeitschrift für wirtschaftlichen Fabrikbetrieb*, 108, 573-574.

Bilek, E., Busch, F., Hartung, J., Scheele, C., Thomas, C., Deuse, J., & Kuhlenk tter, B. (2012). Intelligente Erstellung und Nutzung von Maschinendokumentation. *ZWF Zeitschrift für wirtschaftlichen Fabrikbetrieb*, 107, 652-656.

BMI Bundesministerium des Innern (2011). *Demographiebericht; Bericht der Bundesregierung zur demographischen Lage und künftigen Entwicklung des Landes.* Berlin.

Bullinger, H. - J. (Hrsg.) (1989). *CIM - Technologie im Maschinenbau: Stand und Perspektiven der betrieblichen Integration.* Ehringern: Expert.

Busch, F., Thomas, C., Kuhlenkötter, B., & Deuse, J. (2012). A hybrid human robot assistance system for welding operations methods to ensure process quality and forecast ergonomic conditions.In S. J. Hu (Hrsg.), *Proceedings of the 4th CIRP conference on assembly technologies and systems (CATS): Technologies and systems for assembly quality, productivity and customization* (S. 151-154).

Cohen, S. G., & Bailey, D. E. (1997). What makes teams work: group effectiveness research from the shop Floor to the executive suite. *Journal of Management*, 23, 239-290.

Deuse, J., Eigner, M., Erohin, O., Krebs, M., Schallow, J., & Schäfer, P. (2011). Intelligente Nutzung von implizitem Planungswissen der Digitalen Fabrik. *ZWF Zeitschrift für wirtschaftlichen Fabrikbetrieb*, 106, 433-437.

Deuse, J., Schallow, J., & Sackermann, R. (2009). *Arbeitsgestaltung und Produktivität im globalen Wettbewerb.* Tagungsband zum 55. Frühjahrskongress „Arbeit, Besch ftigungsf higkeit und Produktivität im 21. Jahrhundert". 04.03. - 06.03.2009 der Gesellschaft für Arbeitswissenschaft e.V. (GfA). Technische Universität Dortmund, S. 19 -23.

Hackman, J. R. (1987). The design of work teams. In J. Lorsch (Hrsg.), *Handbook of organizational behaviour* (S. 315-342). Englewood Cliffs: Prentice Hall.

Hackman, R., & Oldham, G. R. (1976). *Motivation through the design of work: test of a theory. Organizational behavior and human performance* (S. 250-279).

Harrington, J. (1979). *Computer integrated manufacturing.* Malabar: Krieger Pub Co.

Jentsch, D., Riedel, R., Jäntsch, A., & Müller, E. (2013). Fabrikaudit Industrie 4.0; Strategischer Ansatz zur Potentialermittlung und schrittweisen Einführung einer Smart Factory. *ZWF Zeitschrift für wirtschaftlichen*

Fabrikbetrieb, 108, 678 681.

Kagermann, H., Wahlster, W., & Helbig, J. (2013). *Umsetzungsempfehlungen für das Zukunftsprojekt Industrie 4.0 - Abschlussbericht des Arbeitskreises Industrie 4.0.* Berlin: Forschungsunion im Stifterverband für die Deutsche Wissenschaft.

Keßler, S., Stausberg, J. R., & Hempen, S. (2007). Lean Manufacturing - Methoden und Instrumente für eine schlanke Produktion. In U. Pradel, J. Piontek, & W. Süssenguth (Hrsg.), *Praxishandbuch Logistik.*

Kirchner, J. H. (1972). *Arbeitswissenschaftlicher Beitrag zur Automatisierung Analyse und Synthese von Arbeitssystemen.* Berlin: Beuth.

Morik, K., Deuse, J., Faber, V., & Bohnen, F. (2010). Data Mining in Sensordaten verketteter Prozesse. *ZWF Zeitschrift für wirtschaftlichen Fabrikbetrieb*, 105, 106-110.

Ohno, T. (2009). *Das - Toyota Produktionssystem.* Frankfurt: Campus Verlag.

Plorin, D., Jentsch, D., Riedel, R., & Müller, E. (2013). Ambient Assisted Production; Konzepte für die Produktion 4.0 unter Berücksichtigung demographischer Entwicklungen. *wt werkstatttechnik online*, 103, 135-138.

Scheer, A. (1994). CIM: *computer integrated manufacturing: towards the factory of the future.* Berlin: Springer.

Schuh, G. (2007). Lean Innovation - Die Handlungsanleitung. In G. Schuh & B. Wiegand (Hrsg.), 4. *Lean Management Summit.* Aachen: Apprimus Verlag.

Steinhilper, R., Westermann, H., Butzer, S., Haumann, M., & Seifert, S. (2012). Komplexität messbar machen; Eine Methodik zur Quantiäzierung von Komplexitätstreibern und-wirkungen am Beispiel der Refabrikation. *ZWF Zeitschrift für wirtschaftlichen Fabrikbetrieb*, 107, 360 365.

Ulich, E. (2011). *Arbeitspsychologie.* Zürich: Schäffer-Poeschel.

Wahlster, W. (2011). Industrie 4.0: Vom Internet der Dinge zur vierten industriellen Revolution. In Innovationskongress *Märkte, Technologien, Strategien,* Zentralverband Elektrotechnik und Elektronikindustrie e.V. (ZVEI).

Weber, B., & Packebusch, L. (2009). Effizienz und Mitarbeiterorientierung im demographischen Wandel: Chance für KMU. In K. Landau (Hrsg.), *Produktivität im Betrieb - Tagungsband der GfA Herbstkonferenz 2009,* Stuttgart: Ergonomia Verlag.

創新需要能人

借助虛擬工程開創新的工作文化

吉夫卡‧奧卡洛娃（Jivka Ovtcharova）
柏琳娜‧哈弗勒（Polina Häfner）
維克多‧哈弗勒（Victor Häfner）
尤里卡‧卡迪柯葉科（Jurica Katicic）
克莉絲蒂娜‧溫克（Christina Vinke）

工業 4.0 時代產品和服務從以技術為基礎到以人為本的過度，能否成功很大程度取決於企業的創新程度。高度創新的經濟意義在於低成本和高品質。

▶理解「虛擬工程」概念

隨著財富的累積和社會網路地位的提升，追求更多社會福利的趨勢必將引發一場深刻的社會變革。這場變革並不僅僅是依靠加強世界經濟來應對各大挑戰，那些具備多層次思考和處理問題能力、擁有全局觀的人才將炙手可熱。迄今為止，不論外界如何定論，一個具有潛力的人只能算得上是「人力資源」，而絕非真正的「有能力的人」。向「以人為關注中心」的過度需要可持續的創新文化，而這一文化則要求我們對人類自身能力和需求與技術、工作制度、自然資源，當然也包括人本身的關係有全新的認識。

此外，新的建模和互動模式、技術解決方案以及工作文化也非常重要。它們使將目光轉向通過「有能力的人」實現創新變為可能，從而確保了商業界和跨文化商業夥伴間的高效團隊合作。

不可否認，電腦系統在其中也發揮重要作用。在傳統的數位技術中，電腦系統僅僅給人類提供協助，而人類仍需要操控程式。與此不同的是，互動、創新的人機交互則要求新的工程方法、工程內容和通訊工具。我們將其定義為

虛擬工程。如此，虛擬工程提供了一個全面完整的程式一系統視圖，使得包括開發者、供應商、製造商和客戶能以同樣的方式來虛擬使用那些實際尚不存在的物品，並根據其特徵和功能切實全面地作出評估（如圖 4-5 所示）。

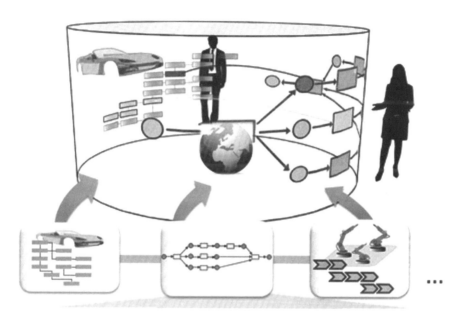

圖 4-5 虛擬工程的概念

如何理解「虛擬工程」這一概念？荷蘭電腦學家艾茲格 · 迪科斯徹（Edsger W. Dijkstra）曾說過：「電腦對於電腦科學的意義，就如同望遠鏡對天文學。」這句話包含了一層含義，即電腦是電腦學家用來工作的工具。這一點常常被

人們忽視。同樣的，虛擬實境對於虛擬工程就像電腦對於電腦學家那麼重要。然而，在大多數情況下，人們總是會立刻將虛擬工程和工具「虛擬實境」，而不是那些構成工程科學的思想和理念聯繫在一起。

這種聯想只是一味地將虛擬工程的意義和潛力單方面局限於外在的、純粹視覺的方面。虛擬工程的目標是融合物理和虛擬（電腦生成、可訪問）的現實，通過人類感官即時和空間的錯覺實現感知和通訊，以及採用新的工程方法進行即時逼真（有邏輯、易於理解、直觀）的人機交互。以上就是虛擬工程與傳統數位工程本質上的區別，如圖 4-6 所示。

虛擬工程
- 團隊合作　　● 以決策為導向　　● 以人為中心
- 即時應用　　● 直觀互動

數位工程
- 獨立辦公　　● 以任務為導向　　● 以IT為中心
- 離線應用　　● 以GUI（圖形用戶介面）為基礎互動

圖 4-6 虛擬工程對比數位工程

虛擬工程的方法引發了對現有開發和生產過程本質上的重新思考。由此，奈米和微觀結構以及機電組建被投入使用，以確保有效充分利用如機電、電氣、電子和軟體技術等不同學科的協同效應。其中，資訊物理融合系統（CPS）所起的作用日益明顯。從字面上看，資訊物理融合系統由不同的網路化機械、電子及軟體元件，這些元件自主地通過一個共同的資料基礎架構（如互聯網）相互配合。

此外，現代 3D 和 4D 視覺化技術不斷進步。此項技術幫助人們看見原本無形的現象並及早對其進行驗證，從而實現新的產品特性和功能。虛擬工程的投入使用讓人們可以切實、直接地體驗那些未來的、實際尚不存在的物體。

本文將主要闡述虛擬工程背景下人—機—人介面的相關問題。鑑於如今工程解決方案與大型複雜問題及資訊量間的緊密聯繫，虛擬工程帶著其「降低複雜性」的初衷，盡可能將問題的複雜性降到最低，以幫助人們在決策過程中成為「有能力的人」，為人們分享自己的想法，營造一個適合擁有互補經驗的多學科團隊長期合作的新工作環境。

此外，除去操作層面的流程，還涉及企業發展、戰略規劃和管理等等流程。目前虛擬工程在產品開發、生產和教育上的應用情況來源於德國卡爾斯魯厄理工學院（KIT）（www.kit.edu）和資訊管理工程學院（IMI）（www.imi.kit.de）的研究成果。

▶開創新的生活和工作文化

未來社會 5-10 年的變化特徵（從趨勢研究的角度看）將是資訊和通訊技術完全滲透到我們生活和工作領域。然而，即便資訊和通訊技術是如此全能高效，人類本身才是我們今後所關注的焦點。出現在這場轉變首位的就是日益增長

的個體作用。個體根據自身的主觀意識和情感對產品、服務，或是生活、教育或職業類型產生一個總體認知。這種認知源於個體對傳統責任和規範依賴度的降低。自 20 世紀 60 年代財富普遍增長，這一現象變得越發明顯。也就是說，人與人之間共同生活的形式受社會的約束和規定的影響已經越來越小，更多的是由人們自主選擇和他們的意願來決定。

如此便出現多樣的生活新形式和新風格，當然也包括一種新的社會集體形式。隨之而來的是擁有和使用動機的相應改變，情感、經歷和刺激因素受到人們的重視。越來越多的人積極地走到台前，在社交網路上分享圖片和文章，評論事件，發送推薦，將自己看作是網路上的某些品牌、產品和服務，也就是說，他們在一定程度上把網路內容當作「朋友」。在這種情況下，人作為個體可以同時扮演一個或幾個角色，比如生產商、服務商、客戶或者資訊接收人。

社會從以資訊和通訊技術為中心到以人為中心的真正轉型，首先出現於一種自然的人機通訊模式。這種通訊模式以人機之間相互理解和對話為基礎，要求包含多種人類感官的溝通管道（包括視覺、聽覺、嗅覺、味覺和觸覺）。當然，這場轉變以及與其緊密相連的新生活和工作文化的開創尚處於起步階段。但今天我們已經能感受到它們在人類生活的各個領域，如社會形式、科技、經濟和價值體系，所產生的深遠影響。

▶提高工作品質的新思維

2008 年，卡爾斯魯厄理工學院、資訊管理工程學院開設了全生命週期工程解決方案中心（LESC），（www.lesc.kit.edu），致力將最新研究成果與虛擬工程的最佳實踐無縫地應用到工業中。該中心配備了可擴展高端虛擬工程系統，以用於應用和基礎研究和學院的日常教學活動。中心自建立以來開展了

眾多研究活動：從剛開始開發虛擬現實引擎「PolyVR」，到在產品生命週期中建立虛擬實物模型以及在生產中進行互動式靈活性評估，再到研究客戶對於不同型號產品的情感回饋以及在沉浸式環境中創建學習的新形式。下文中我們將有選擇地介紹該學院的部分研究專案。

▶可擴展高端虛擬工程的應用

仔細想一想當今的工作和科技狀況，我們不難發現，儘管採用了包括虛擬實境在內的現代技術，20 世紀 80 年代「視窗、圖示、功能表、指標（WIMP）」的模式仍然支配著我們的日常生活。由此，產生了虛擬工程的核心問題：虛擬實境技術的繼續發展在何種程度上能夠作為人類與機器間自然直觀合作形式的基礎，為人機交互的變化做出貢獻？要弄清這個問題，第一步需要研究的就是人類在何種程度上可以將他的直覺與天性運用到和機器的互動中。

這裡所指的是人的整體行為，例如他的身體姿態、手勢和語言。於是，人們需要把整個身體都投入到虛擬實境環境的互動中，同時運用五種感官來接收資訊，用語言、動作和無意識的肢體語言來對資訊做出反應。由此，我們可以看出，虛擬工程的目標是借助虛擬實境系統來模擬人類多樣的輸入和輸出途徑，以求實現完美的互動。這樣，人們就無需再學習如何操作系統，而是系統反過來學習如何服務人類。這就是當代人類向「有能力的人」轉變中所面臨的最大的挑戰之一。

此外，虛擬實境則被看作是一種媒介。「它由電腦交互模擬組成，模擬器追蹤參與者的位置和動作，並且用一個或多個人類的感官來替代或延伸它們的回饋，從而使參與者感覺自己精神上沉浸或者置身於模擬環境中。」之前提到的人類的感官主要是指視覺（通常是指 3D 投影），聽覺（通常是空間聲音）和觸覺（觸覺裝置）。諸如頭部或手指追蹤技術可以即時檢測用戶身體部位

的位置和方向並根據其動作調整模擬效果。用戶則可以通過輸入裝置或手勢在虛擬世界中導航或操縱虛擬世界。虛擬實境的三大主要特徵是：

- 沉浸：用戶融入虛擬世界的程度
- 交互作用：使用者與虛擬世界間資訊的雙向流動
- 想像力：用戶受到環境刺激後所發揮的想像空間

符合以上三大特徵的由虛擬實境系統創造的虛擬世界又被稱為沉浸式環境。由於硬體和軟體置辦和維護成本較高，加之系統的獨立應用尚不成熟，除了一些有經濟實力的部門，如汽車和航空航太業之外，虛擬實境在工業上還無法得到推廣。近年來遊戲產業的一項重大模式轉變在工程學領域也同樣受到重視。新的互動工具，如微軟的 Kinect ™和 Leap Motion ™手勢控制器等理念明確的成熟產品已經在市面上推廣。

在這樣的背景下，互動、直觀和想像力非常重要。作為經典人機介面的電腦桌面環境將退出歷史舞臺，取而代之的是以使用者為中心的新型系統。人們不再操作系統，而是直觀地接收和改變視覺化內容。這些系統介面必須具有相當高的沉浸度才能使用戶有置身於虛擬世界的感覺。娛樂行業的現有技術，如 3D 電視、頭戴式顯示器和遊戲主機就能通過手勢操控進行互動達到這一要求。這些技術理念的優點在於它們能更快地將資訊傳遞給使用者，因為用戶通過感官能夠更好地融入介面中，從而縮短資訊處理時間，加速互動並做出更好地判斷。

學院開發的虛擬實境軟體 PolyVR 可通過其可擴展和快速生成的虛擬工程系統解決方案來應對上面提到的這些問題，是一款理想的創建和體驗互動式 3D 應用的軟體。它使得諸如 3D 資訊（包括 NUMERIK 碼、網路、音量或

CAD 資料等形式）的各種資料的導入變得簡單。此外，動畫、聲音和物理即
時模擬也可被納入虛擬實境的場景中（如圖 4-7）。

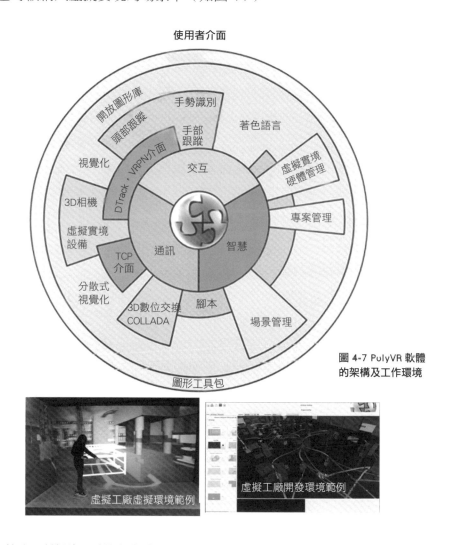

圖 4-7 PolyVR 軟體
的架構及工作環境

PolyVR 的主要特點是配置靈活，易於集成如跟蹤系統和分散式視覺化的電
腦集成技術等所有常見的虛擬實境輸入和輸出設備。頭部跟蹤可幫助系統不
斷適應使用者的視角，它對於使用者深度感知的影響遠大於立體影像。3D

程式的應用已經不再依賴於特定的硬體系統，這就提高了應用程式在各種支援的硬體系統上使用的靈活度。由此實現的解決方案的可擴展性，使得程式不僅可以在 CAVE 虛擬實境顯示系統，Holospace 立體環境系統這樣沉浸度較高的環境中運行，而同樣能夠適應中小型企業用 3D 電視所營造的虛擬實境環境。

此外，PolyVR 直觀的使用者介面易於操作，即便不是虛擬實境領域的專家也能很快上手。互動式（交互式）3D 內容在使用過程中可進行管理、修改和擴展，直觀的場景展示保證了場景中包括 3D 模型、燈光、攝影機和互動等各個方面的快速變換，PolyVR 引擎內部大量創建腳本的空間，則為開發人員完成各種複雜功能提供了便利。

▶生產中的靈活管理

虛擬工程技術在產品開發和生產中的優勢早已得到大家的認可，其中包括：

- 集成了不同工程學科模擬模型
- 可對使用者難以明確定性的產品特徵進行建模與驗證
- 能高效檢測用戶的喜好與要求
- 進行預測性模擬，以及評估僅由未來技術才可實現的產品理念

為了應對尤其是在生產中出現的挑戰，學院開發出了一套模組化方法 ecoFLEX。有了生產資源評估理念，就可從戰略層面和運作投入的角度統籌能源、人員、材料和設備的需求，附帶的靈活性分析功能還可幫助評估生產車間的布局、大小和人員配置所存在的不足之處。通過 ecoFLEX 與 PolyVR 引擎的配合便可營造出一個生產車間的沉浸式虛擬工作環境（如圖 4-8）。

圖 4-8：沉浸式虛擬工廠

通過上述方法，生產計畫制定者便有機會在虛擬車間模型中對 ecoFLEX 識別出的低效資源分配進行詳細研究並找尋替代方案，而無需耗費實際資源進行試驗。生產設備的虛像及生產流程的模擬則給測試不同的加工策略對整個生產體系的影響提供了可能性。

為此，ecoFLEX 提供了多樣的對話模式和分析功能，大大降低了接收複雜關聯和錯綜資訊的難度，以便於將它們運用到重新制定或修改計畫的階段來改善車間營運。這樣就可避免那些由於實際營運中低效的資源配置，或沒有意義的生產設施調整所造成的不必要的額外成本，為未來工廠建設的投資累積資金。上述解決方案將互動式虛擬實境環境作為前臺與後端的獨立模擬工具結合在一起。這需要依靠雙向網路通訊來實現介面的可持續和可擴展性。

▶顧客情感回饋的收集和評估

企業在市場上的成功，很大程度取決於其客戶的滿意度。因而，產品開發過程中終極客戶的持續參與是非常重要的。前期投資原則指出：恰恰是在早期

階段，通過增加資源投入來獲取未來產品的相關資訊是非常有意義的，因為此時公司正面臨巨大的決策空間，也有機會將成本調節到相對較低的水準。由此，在虛擬產品構思的初期階段，客戶的參與將會帶來巨大幫助。情感被視作現代市場行銷成功的三大因素之一，終極客戶越來越傾向於根據自己的情感做出購買決定，那麼，顧客對於虛擬產品的情感回饋的收集就變得尤為重要。

目前，客戶一般不會參與到產品的構思階段，而是在之後的某些時候才被徵詢意見，因此，絕大多數的設計理念都無法傳達給終極客戶。

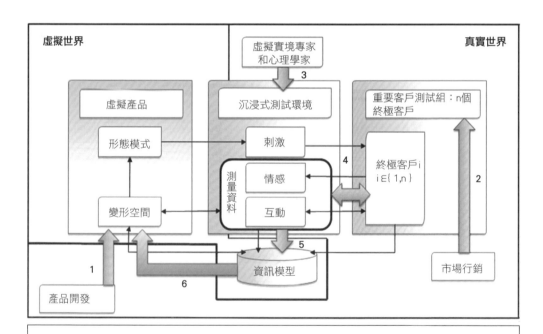

第一階段：定義變形空間　　　　第四階段：進行試驗
第二階段：選擇試驗群體　　　　第五階段：評估測量結果
第三階段：設計試驗環境　　　　第六階段：將結果回饋到產品模型

圖 4-9　EMO VR 方法的六個步驟

針對這一問題，資訊管理工程學院開發了一種新穎的方法，以求在早期階段獲取客戶對於尚處於研發初期產品的虛擬形態可靠的情感回饋，簡稱為 EMO VR。這要回溯到情感識別和虛擬實境技術，兩者獨特的組合構成了該方法的基礎。EMO VR 一共分為六個步驟（如圖 4-9）。在實施過程中，不斷的重複是非常有意義也是很有必要的。這一方法成功的關鍵在於不同方向專家（工程師、設計師、行銷專家、心理學家及虛擬實境專家）的共同參與。

為了驗證上述方法的有效性，生命週期工程解決方案中心根據規定選擇測試環境，共有 21 人參與了此次研究。PolyVR 引擎被用於模擬使用環境，一個車輛駕駛艙的配置器。他們選取一個大小為 4.5 公尺 ×2.6 公尺 ×1.9 公尺的空間，通過三面牆上被動的立體投影來實現視覺化效果。ART 公司的光電追蹤系統也被用於對測試者的頭部追蹤並與其在使用過程中進行互動（如圖 4-10）。測試者與虛擬世界的互動則通過簡單的「移動游標和按一下」手勢來完成（朝著目標方向來回快速連續移動）。週邊的生理資料則由移動設備

圖 4-10　EMO VR 測試環境

NEXUS-32 來測量。面部肌肉信號（EMG）、手指的電子真皮活動（EDA）以及未活動的手的中指脈衝（BVP）等資料均被記錄下來。

產品開發和市場調研是兩個平行開展卻又互相關聯的流程。而虛擬實境和情感識別這兩項現代化技術的投入使用，使得那些對終極客戶，乃至社會而言在情感上引起共鳴的（有實際功能的）設計，從眾多未來產品設計的可能性中脫穎而出。沉浸式環境能夠讓虛擬產品以真實尺寸忠實再現，以便客戶發揮想像力並自然地提交他們的情感回饋。

在這些環境中，只有當個體的情感符合參照標準，且未受到影響能完成有規律的互動時，所收集到的情感回饋才是可靠的。此外，週邊生理信號也被認定為非常有用，而鑒於認知上的偏差，封閉性問題結果的重複率太低。以上所提出的方法具有連貫性，且需要不同專業領域的專家協同配合。

（A）混合現實駕駛模擬器

（B）能源體驗虛擬實境顯示儀

圖 4-11　沉浸式學習環境範例

▶沉浸式學習環境中知識的獲取

沉浸式環境被越來越多地用於教育和培訓。那些所謂的虛擬學習環境都有一個共同的目標，就是向使用者傳授知識和實用技能（如圖 4-11）。它們以應用為目的，對於學習內容的直觀展現恰恰能幫助學習者在面對複雜或抽象的主題時更好地理解學習材料。

此外，虛擬學習環境還能為學員提供直接體驗學習內容的機會，並通過個性化和自我調節的學習方式提升學習成果。而訓練中模擬真實條件來規避原本的高風險或高成本又是虛擬學習環境的另一大優勢。

資訊管理工程學院就不同沉浸等級和虛擬環境中各種導航運動類型對人類記憶的影響開展了研究。研究人員借助一個簡單的記憶測試，分別在擁有高沉浸度的 CAVE 虛擬實境系統和低沉浸度的虛擬電腦桌面環境下就不同運動類型對人類記憶進行定量。運動類型最終選擇了實際行走和虛擬行走。

在 CAVE 虛擬環境下，測試者借助一項動作捕捉技術通過主動地物理行走實現了導航。通過導航裝置 ART Flystick2 ™，測試者能夠在 CAVE 環境中進行主動虛擬行走。由於技術原因，在虛擬電腦桌面環境下還無法通過動作捕捉技術進行導航。研究結果無法證明運動類型對人類記憶具有影響，但也無法對此提出反駁。

此外，用方差分析法可得出虛擬環境的沉浸等級對人類記憶影響的 P 值為 0.101。這個值剛好超過了邊際顯著結果的上限，因此，我們假設，總體上還是有效果產生的。這一點還需要後續研究來驗證。另外，需要高度認知能力的學習任務也是未來研究的課題之一。本次研究的結果可以總結為下列虛擬實境領域的互動範例：

- 虛擬環境中的運動方式可能並不影響人類的記憶
- 虛擬環境的沉浸等級很可能對人類記憶產生影響

另一個關於沉浸式學習環境的案例是由巴登符騰堡基金會自主的「MINT-Box Drive」專案。凱爾市愛因斯坦文理中學和圖拉實科中學的學生用遊戲的方式深入研究了控制電路、能源和機械中的物理定律。他們通過視覺化程式設計和參數變化檢測物理量的作用，並借助現代虛擬實境解決方案現場體驗了駕駛模擬器（如圖 4-12）。

圖 4-12　沉浸式學習環境虛擬實境駕駛模擬器

這次的實驗工具包括一個駕駛座椅，羅技 G27 系統（方向盤、腳踏板和變速器），以及頭戴式顯示器作為輸出裝置，營造一個直觀的人機介面環境。通過這種方式，學生們可以通過思維、行動和直覺的聯動提高自己識別和解決數學、資訊、自然科學和科技等領域跨學科問題的能力。教學中，老師優先使用能引導學生個性化自主學習的方法。虛擬實境系統的使用證明了學生對自然科學和技術的興趣，是可以通過創造性的工作和實踐性的學習來培養的。現代虛擬實境解決方案能發揮學生的空間想像力，激發他們在自然科學和技術領域長期繼續深造的熱情。

教育領域虛擬環境的發展需要全面瞭解哪些技術和內容能夠促進學習過程，
幫助使用者加深理解。這次的專案對虛擬學習環境，尤其是沉浸式環境在內
容和技術上相比傳統學習方式的優勢並未進行深入研究。

▶成功取決於企業創新程度

以上所介紹的研究結果表明，虛擬工程方法未來將在產品開發、生產以及學
習領域發揮越來越重要的作用。工業 4.0 時代產品和服務從以技術為基礎到
以人為本的過度，能否成功很大程度取決於企業的創新程度。高度創新的經
濟意義在於低成本和高品質。

鑒於通過智慧元件和網路物理系統的使用所創造的價值，創新型以人為本的
產品具有高度跨學科和複雜的本質。在此，物理和電腦模型的緊密配合是不
可或缺的。這種配合為虛擬工程提供了終極資訊技術基礎，並將現實和虛擬
世界的融合通過工程實踐轉化為廣泛應用於人類生活各個領域的解決方案。

參考文獻

Burdea, G. C., & Coiffet, P. (2003). *Virtual reality technology* (S. 1- 3). New York: Wiley Interscience.

Fischer, H. (2012). Der Sohn will die Revolution. *Human Resources Manager*, 2012, 45-47.

Geisberger, E. & Broy, M. (Hrsg.) (2012). *AgendaCPS, integrierte forschungsagenda, cyberphysical systems, acatech studie.*

Häfner, P., Vinke, C., Häfner, V., Ovtcharova, J., & Schotte, W. (2013). The impact of motion in virtual environments on memorization performance. In *2013IEEE international conference on computational intelligence and virtual environments for measurement systems and applications (CIVEMSA)* (S. 104-109). New York: IEEE.

Häfner, P., Häfner, V., & Ovtcharova, J. (2014). Experiencing physical and technical phenomena in schools using virtual reality driving simulator. In P. Zaphiris (Hrsg.), *LNCS: Bd. 8524. Humancomputer interaction, Part II, HCII 2014* (S. 50-61). Switzerland: Springer.

Homburg, C., & Bucerius, M. (2006). Kundenzufriedenheit als Managementherausforderung. In *Kundenzufriedenheit: Konzepte - Methoden - Erfahrungen* (S. 64- 65). Wiesbaden: Gabler.

Katicic, J. (2012). *Methodik für Erfassung und Bewertung von emotionalem Kundenfeedback für variantenreiche virtuelle Produkte in immersiver Umgebung.* Dissertation am Karlsruher Institut für Technologie (KIT).

Kreutzer, R. T., & Merkle, W. (2006). Die Notwendigkeit zur Neuausrichtung des Marketing. In *Die neue Macht des Marketing* (S. 13-17). Wiesbaden: Gabler.

Ovtcharova, J., Weigt, M., & Seidel, M. (2005). Virtual Engineering - Handlungsbedarf und Lösungsansätze zur Prozess - und Systemintegration Virtuelle Produkt - und Prozessentwicklung. In: *Magdeburger Maschinenbau - Tage.* Tagungsband 7.

Ovtcharova, J. (2010). *Vorlesungen im Fach Virtual Engineering.* Wintersemester: Karlsruher Institut für Technologie. 2010/2011.

Ovtcharova, J., & Katicic, J. (2011). Design of immersive environment for capturing of emotions to virtual products. In *Wissenschaftliche Konferenz„ Innovationen und Wettbewerbsf higkeit"à Sofia* (S. 203 - 208).

Rogalski, S., & Wicaksono, H. (2012). Methodology forflexibility measurement in semi automatic production. In H. A. ElMaraghy (Hrsg.), *Enabling manufacturing competitiveness and economic sustainability* (S. 141-146). Berlin: Springer.

Sherman, W. R., & Craig, A. B. (2003). *Understanding virtual reality: interface, application, and design* (S. 5-6). San Francisco: Morgan Kaufmann. Schwan, S., & Buder, J. (2006). Virtuelle Realität und E - Leaning.

通過人機團隊的建構
擺脫自動化窘境

安德雷亞斯・呂特克
（Andreas Lüdtke）

自動化若是沒有人的參與，是無法成功運行的。人類在其中所扮演的角色必須更加明確，抹去這一角色並不是一種出路。我們應該取消對人類與機器任務的僵化分配。理想的任務分配不該在事前就決定好，而是在任何時刻根據既定的分配策略基於當時的需求重新決定。這種動態性可以借助一種新的人機關係視角來實現，即人機團隊（MMT）。

▶新的錯誤類型，號稱「操作失誤」

本文主要致力於如何系統地考量，在自動化框架下監控和操縱有安全隱患過程的任務中人這一因素的概念和過程模型。這裡說的過程，是指諸如工業生產過程，或者汽車和飛機的駕駛過程，人是指（1）操作員，他們在自動化系統使用中監控生產過程，如果有必要需指導性介入和主持修理工作，以及（2）駕駛員或飛行員，他們借助輔助系統對由獨立自動駕駛儀引導的車輛和飛機進行操縱和監控。飛機上的獨立操控技術是非常先進的，但是在不久的將來此類技術也很有可能被應用於汽車。

在過去乃至今天，自動化仍然是人們的一種設想：人是工業鏈中最薄弱的一環，總有一天將會被完全取代。這一看法招致了一些諷刺的聲音，他們提出一種新的錯誤類型，簡潔地稱之為「操作失誤」。本文指出，這些諷刺的出現是出於對人這一因素的認識不足。作者認為，自動化若是沒有人的參與，

是無法成功運行的。人類在其中所扮演的角色必須更加明確，抹去這一角色並不是一種出路。本文主張取消對人類與機器任務的僵化分配。理想的任務分配不該在事前就決定好，而是在任何時刻根據既定的分配策略基於當時的需求重新決定。這種動態性可以借助一種新的人機關係視角來實現，即人機團隊（MMT）。小組內部為了完成任務相互影響，成員間相互溝通來建立理解。開發的物件也不再是自動化系統，而是人機團隊，這一團隊視角給開發商帶來了新的構思挑戰。文章同時指出，他們可能需要從工程模型著手。最後將針對人機介面的起草舉例介紹生態介面設計的方法。

▶經典的自動化窘境

1983 年，班布里奇在她當時的經典著作中尖銳地諷刺了工業監控和操縱過程中的自動化。雖然當時她所針對的僅僅是加工工業，但是她同時指出，這些諷刺也同樣適用於其他許多高度自動化領域。航空業的例子就很好地印證了自動化的窘境。

20 世紀 80 年代，特定飛機駕駛任務中自動化的使用明顯增多。隨著 1982 年波音 767 的投入使用，駕駛艙內的工作量有了明顯的下降，原先的三人配置被精簡到了兩名。在駕駛艙實現自動化的初期，人類就被看作是飛行過程中最薄弱的環節，因此要盡可能用自動化取代人對飛機的操作。於是，不是飛行員本身，而是技術的可行性成為了大家關注的重點。

人們開始給飛行器加裝防止危險動作的安全系統，例如失速防禦系統能夠預防變速導致的電流中斷，而速度保護系統則能避免飛行速度過快。飛機的人為控制逐漸被自動駕駛儀和飛行管理系統一類的自動控制所代替，飛行員的角色也從主動操作變成被動監控。這一新的角色被稱作監管式控制。飛行員給系統程式設計並對其進行監管，而系統則接過了他在飛行過程中操控任務。

操控系統通過感測器讀取待操作過程的狀態，並通過自動裝置實現對飛機的操縱。

諷刺的是，一旦出現緊急情況，飛行員必須介入自動操控，並手動接管操縱任務。這種觀點並不符合人是飛行過程中最薄弱的環節這一說法。最關鍵的是，飛行員的減負尤其集中在飛行過程中，而這段時間的工作量本來就不算大。例如，在要求不高的長途飛行中完全免除身體和手上的操控。而在高工作負荷的關鍵時刻（如飛機的起飛和降落）工作量反而因為自動裝置的錯誤操控變得更加繁重。

類似的情況在所有高度自動化的領域都會出現。這些領域中的任務一般都是監控和操縱某個過程（如加工過程、駕駛過程、電力供應過程等）。班布里奇指出了其中的四個諷刺之處：

- 諷刺一：人類被開發者看作是主要的錯誤來源，因此理應被自動化替代。然而，開發者本身也是人，也容易犯錯，對他們而言所犯的就是開發上的錯誤。這就導致了一系列操作上的失誤，實際上可歸結於開發上的缺陷。

- 諷刺二：那些（當時）沒能實現自動化的任務，主要是因為它們太過複雜且無法根據經驗進行細分，才會最終留給人類，也就是在程序控制中最薄弱的一環去完成。

- 諷刺三：人之所以被自動化所替代，是因為系統可以更好地執行任務。但是他們必須繼續監控和檢測系統是否正常工作。故障發生時他們必須介入並手動接管。

- 諷刺四：最可靠的自動化系統需要最昂貴的訓練措施，因為日常營運中沒有機會去主動控制和瞭解這樣的系統。而不可靠的系統則要求定期主動介入和思考各功能之間的聯繫。這樣自然就有了手動操控的能力，從而降低了培訓花費。

以上幾點說明，開發者在不知不覺中將人擺在了一個非常重要的位置上。當然，經常會發生被擺在這個位置上的人並不具備履行這一職責所必須的能力。其中一個重要的方面就是建立人機互動，使他們具有足夠的判別情況的意識。這裡必須確保操作員在任何時候都能以直觀的方式得到過程狀態的必要資訊以及對自動化系統的控制權。而目前的趨勢是人逐漸被從操控的工作中解放出來，離實際的操控程式越來越遠。這樣一來，他們就會慢慢失去操控這個過程的實踐能力。手動操作的能力和嫻熟於胸的知識開始變得生疏。然而，這些能力和知識卻是有效介入突發狀況所必需的。

不可否認，現代自動化系統的引入確實幫助提高了安全性。然而，不得不提的是，新的錯誤也隨之產生，並將印證上文所提到的那些諷刺的結果。此處將用到的關鍵字包括自動化驚喜、缺乏理解、模式混亂、自滿、技能退化、圈外效應、自動化的誤用、廢用和濫用。在事故和意外報告中還經常會出現「人為錯誤」或「操作失誤」。

當然，這些錯誤往往不是直接由人為操作造成的，而更多的是出於自動化系統開發者對人的能力的錯誤認識，或是因為開發理念不足，加之開發流程和工具的不完善，以至忽略或不能充分考慮人這一因素。

不明確、系統地考慮人的作用，自動化是無法正常運作的。我們的目標應當是對一個有自動化系統和操作人員組成的整體系統進行開發，使其通過內部

的相互合作，例如監控和操縱工業加工過程，可靠和安全地完成任務。下文中我們將把這個系統稱作人機團隊繼續進行闡述。

通過對人類認知的深刻理解，開發者對相關人員所扮演的角色必須有一個明確的規劃。如何提高「人」這一因素在自動化進程中的關注度的疑問，也說明了問題是普遍有關聯的。在研究過程中，不少有前途的解決方案紛紛湧現，卻都還沒有機會被運用到工業實踐中。

作為先決條件，一方面，開發者必須更多的學習、瞭解人這一因素，另一方面，人為因素的專家必須和開發者說同樣的語言。只有當兩方面的條件被整合在一起，開發者才能在開發初期階段系統地考慮人的要求，並且貫徹後續的步驟。首先要解決的，就是關於人所扮演角色的一些基本問題。

▶人在自動化中扮演的角色

如果認可人在工業流程的監控和操縱中起著決定性的作用，那麼我們將面臨這樣一個問題：他在什麼樣的條件下能將這個角色扮演到最好呢？早在任務分配階段，也就是決定機器應當發揮什麼樣的功能時，就應當考慮到（1）操作人員的能力與弱點，（2）自動化的可能性與局限，以及（3）人與機器間有意義的合作。

自動化的一個簡單理念是既分析人的長處（哪些方面人能比機器做得更好），又分析（待開發的）機器的優勢（哪些方面機器比人做得更好），然後相應地分配任務。費茨（Fitts）將這些優勢總結在一張表上。這張表又被稱為MABA-MABA（人在XXX方面更好——機器在XXX方面更好）。簡單來說，人在發現（極小的變動）、感知、評估、歸納、即興發揮和長時間儲存和回憶資訊等許多方面表現得更好，而機器則在速度、力量、重複勞動、複雜的

計算／演繹、多工處理和短時儲存和檢索資訊等方面更有優勢。例如，許多
研究指出，讓人類長時間密切監測一個少有變化的過程是不可能的。

一些研究結果表明，人類集中注意力的極限是半個小時。可是，人在沒有現
成計畫的情況下擅於創造性地「發明」解決方案，但這種能力卻隨著時間壓
力的增加而降低。時間壓力迫使人們選擇可靠的解決方案或進行簡單的嘗試。
這些嘗試與反復出現的條件相適應的，但在全新的環境下它們可能會導致錯
誤的判斷和危險的不當行為。

如果逐字閱讀費茨的清單，那麼人們僅僅會將那些機器優於人類的能力應用
於自動化，而人類將能繼續發揮自己的優勢。這樣的分工將承認人類起到至
關重要的作用，並在某些方面勝過機器。然而費茨卻認為這樣的分配是存在
問題的，因為還有許多其他因素也扮演著重要的角色，例如滿意度、動機，
以及相關人員的聲譽和自我認識。

此外，這一僵化的任務分配模式依然沒有考慮到不論是人類還是機器的能力，
都是隨著複雜的情況而改變的，比方說環境的挑戰以及任務難度或是工作量
的增加。MABA–MABA 沒有顧及根據情況的不同，有時候人必須接手原本
分配給機器的任務（反之亦然），而這時，充分的環境識別意識和手動操作
技巧是必須的。因此，費茨的視角無法解決本文開始時提到的自動化的諷刺
性問題。

另一個對解決問題有幫助的可能性是推行不同程度的自動化，也被稱為自我
調整自動化。操縱系統中自動化被劃分為從完全手動到完全自動的不同程度。
其中某些任務由人來完成，而另一些則由機器代勞。重點是，任務的分配不
是固定而是動態的。根據不同情況機器或者人都可以自動發起任務的移交（例

如，當機器的自動運行達到上限，則把任務移交給人）。這種分配方法使得人有機會自己選擇接受某些任務以獲得手動操作的能力。

自動化等級劃分的引進，為走出自動化窘境創造了一個重要條件。這一理念明確規定，人和機器間可以互換控制權。於是，除了基本的任務分工外，任務轉移的設計也受到了人們的重視。如果人在特定的環境中要接收任務，那麼他也必須被調動到相應的位置上，比如，面對特定任務時留在控制環內或被及時調回控制環。

所以，問題在於，人必須在多大程度上與任務綁在一起，還有需要瞭解多少任務進程的資訊，才能使他擁有足夠的環境意識來介入這項任務。必須指出，缺乏環境意識的純粹任務監控只是在主動執行任務。

那麼，人到底需要對機器和控制過程的現狀瞭解多少？機器又該如何將這些資訊傳遞給人？這些問題將人們對自動化的關注焦點從純粹技術功能的研究轉移到了對人與機器之間合作的研究。這一轉變要求人們對開發專案有一種新的認識。開發專案已經不再單單是自動化系統了。下文所描述的團隊視角採納了動態的任務分配的理念，並為解決自動化困境提供了一個非常有前途，甚至非常必要的條件。

▶自動化的團隊視角

複雜任務自動化的另一個有意義的視角，就是將人和機器作為一個團隊（人機團隊，MMT）進行研究。持這一觀點的研究者有克里斯多夫森（Christofferson）和伍茲（Woods），以及克萊因（Klein）等人。他們將人和機器看作是一個整體系統。整體系統指的是任何機器和人共同完成一系列任務，以實現共同的目標。子任務則跟據不同情況的要求動態地分配給人和

機器。

一個好的團隊非常重視成員間的溝通。對於其他成員能力、活動、角色和計畫的瞭解都是團隊內部良好的環境意識的重要組成部分。成員之間相互介紹自己的計畫並進行協商。每個成員都知道其他成員有何打算,目前在整體系統中扮演什麼樣的角色,以及總體上能起到什麼作用。為了建立相互間的理解,相應的溝通是很有必要的。

克萊因等人提出了開發適用於團隊合作的自動化系統所面臨的十大挑戰。這些挑戰建立在一種假設上,即團隊成員必須對工作環境有一個共同的認識。例如,當流程的正常運行需要特殊的操作介入並出現故障時,機器應及時告知操作人員。在這樣的情況下,機器把人重新調回控制環中,並重獲控制意識。這是通過純資訊交換,如通過顯示器是無法傳輸的。

通過這樣的方式,雙方可以一同解決問題,如果有必要也可讓操作人員接手機器的任務。同時,團隊理念的貫徹必須保證人能夠理解並預測機器的行動。也就是說,自動化使用的方法和標準必須讓操作人員看得懂。

自動化運行的速度在特定情況下也必須與人的工作速度相適應。因此,在某些情況下,團隊視角所要求的運行方式不一定是最效率的,但卻能顯著增加整體系統的安全性。從總體上看,這能減少停頓時間,使總體系統的運作更加穩定,因此,這樣的讓步是值得的。

人機團隊的實現需要一種新的方法來開發自動化系統。開發的重點並不僅僅是機器,而是整個整體系統。這也就意味著必須首先考慮整體系統應當完成什麼樣的任務。對系統內每一個參與者動態分配任務的策略必須系統地從工

作量和安全的角度進行研究和定義。而對人機間的溝通則必須從充足的分散的環境意識角度進行分析和定義。

▶開發人機團隊的過程模型

團隊視角以及動態的任務分配方案對開發者而言是一項特殊的挑戰。系統配置的動態特性（例如，可通過誰目前在做哪項任務，誰能接管哪項任務，誰有哪些可用資訊等來定義）決定了系統的多樣性。對於系統評估而言，這就意味著必須要進行大量的場景測試。人為因素方面，如操作人員的環境意識，可通過經典的模擬測試或「奧茨的魔法」技術來檢測。

系統的高度多樣性需要新的方法來實現更高效的行為。工業領域，在技術功能軟體使用的危險度高的情況下，其開發通常由系統化的工程方法來完成，即按要求嚴謹地建模，正式細化功能，進一步正式測試功能的細化是否達到要求，以及早期定義的測試環境是否完成，最後對安全性進行正式分析（如利用故障樹分析法，事件樹分析法等）。

然而，人機的互動往往臨時被喊停，甚至沒有可比較系統化的行為方式。通常情況下，最初對要求的表達就很含糊，非常抽象和不明確。這就造成了在實踐中，由於沒有明確的設計過程，有時必須效率低下地反復建立和測試人機交互的模型。

小檔案／奧茨的魔法

即人與電腦交互實驗。實驗中，人類與電腦系統互動，電腦看似自主，實則被「看不見的人類」控制。

這樣，我們就可以像技術功能性一樣持續、系統地對人機系統，更確切的說是人機團隊的人為因素方面進行開發。在這方面，認知工程學領域提供了充足的方法和工具。認知工程學這一學科的目的是根據認知的原則，提供支援人機系統開發的知識和技術。其研究範圍涉及認知原則的經驗研究，原則應用的方法和工具的開發等，是一門基於心理學和電腦科學的理論和方法的應用科學。認知工程學強調正式和基本客觀的行為方式。

實踐中，認知工程學方法的實用性有很大程度上取決於它們與現有的技術發展方法的匹配度與融合度。下表（見第 156、157 頁）是一個過程模型。此模型可被用作人機團隊整體開發和自動化系統的開發與人為因素角度融合的架構。

這一過程模型最高一層由人機團隊的構成、人機團隊的合作、人機團隊的互動以及人機團隊的介面等四個部分組成，每個部分都是一個開發物件。**構成**決定了人機團隊的任務、必要成員（操作人員和機器）的數量和類型以及必要資源的數量和類型。**合作**決定了哪個成員與哪個成員一同完成任務，以及哪個成員在必要情況下應當從哪個成員哪裡接手任務。

互動決定了哪些成員一起通過何種模式就哪些資訊進行溝通。而**介面**則決定了人與機器間（如使用圖形顯示）、人與人之間（如使用標準化語言表達）以及機器與機器間（如使用網路通訊協定）交互介面的具體形式。這四個開發物件又可被分為需求定義、說明、執行和評估這幾個經典的開發階段。在這裡必須指出，每個階段必須反復執行，因為每次重複都能使開發物件（構成、合作、互動和介面）變得更加具體。因此，這是一個螺旋形的過程模型。

人機團隊（MMT）開發的過程模型

人機團隊的構成

需求定義
人機團隊應當在什麼樣的環境下工作？
人機團隊應當執行什麼任務？

說明
哪些資源對人機團隊是必需的？
人機團隊應由哪些操作人員（角色，技能，……）和機器組成？

執行
機器功能的執行能力。
操作人員選擇標準和選擇程式以及培訓計畫的確定。

評估
估算操作人員和機器數量是否足以完成任務。

人機團隊的合作

需求定義
哪些成員需要一起合作？
哪些成員需要接手哪些任務？

說明
任務分配，移交策略，合作形式等的定義。

執行
通過機器完成的任務接手和移交的定義。
通過操作人員完成的任務接手和移交過程的定義。

評估
預測任務的接手和移交是否能安全有效運作。

人機團隊的互動

需求定義
哪些資訊在哪些時間與哪些成員相關？在哪些情況下人需要比機器多掌握哪些資訊？在哪些情況下機器需要比人多掌握哪些資訊？
哪些操作是必須的？

說明
待交換資訊，交互模式（如視覺、聽覺、觸覺），資訊發布、操作策略等等的定義。必要時，操作人員狀態的測量方法（如疲勞度，工作負荷的測量）等的定義。

執行
資訊提供和發布的執行情況。
指定交互模式，狀態測量等的實現。
交互程式的制定和記錄。

評估
評估是否每個成員都能及時獲得必要的資訊。

人機團隊的介面

需求定義
根據 ISO9241 的人體工學要求，照顧到人類資訊處理的方式。

說明
資訊表達方式（比如圖形）、控制元件等的設計。

執行
輸出（如顯示器）和控制元件（如在機器側面）的使用情況。

評估
評估介面是否能實現直觀無差錯的人機交互。

在開發的每個階段，操作人員的參與，例如通過參與性設計和試驗，是非常重要的。但是在危險的應用情況下，這是不夠的。人可以說出他們的喜好，根據經驗提出設計意見，並最終評估所規劃的開發的影響和可接受性。鑑於以上所設計的系統的多樣性，揭示並評估所有的需求和影響幾乎是不可能的。此外，該過程非常耗時，只能在開發過程中實踐幾次。

而在工業流程的監控和操縱中除了操作人員之外還有其他重要的需求和影響來源，例如工作背景及工作範圍、工作任務、人類資訊處理能力（認知）、人類人體測量學（物理和生物特性），和相關的人為因素標準和準則。因此，下文將介紹一個互補的以模型為基礎的方法作為對操作人員參與的補充。

人機團隊需求定義、說明、執行和評估的階段可以通過系統化的以模型為基礎的方法來支援。同時有許多久經考驗的技術和方法可用於人機系統的建模。這些技術和方法可與參與性設計和試驗相結合在實踐中應用。以模型為基礎的方法能夠使必要的需求種類變得更系統，更易於理解和明確，並可對其完整性和一致性等進行分析。

在說明階段，模型能夠使設計決定更加正式，並幫助人們在開發的早期階段基於特定的（人為因素）指標對它們進行權衡。一些工具能夠將設計說明（半）自動化地轉化為執行模組。最後，模型還可以被用於測試模擬平臺上完成的原型。在上文所設計的過程模型的框架下，不同類型的模型都可以被使用。其中，對任務、工作範圍、人類的資訊處理能力以及機器的功能的建模在許多研究中都得到了驗證。

1. 任務的建模 在這裡，任務從較高層次的抽象概念（如飛機著陸）被反復拆分成各種子任務（如減速、降低高度、按航線飛行等）直至得到最低層次

的具體行為（如推動推力桿、放著陸襟翼、放下起落架等）。這樣就出現了任務等級。在每個等級層面中，對各個子任務的時間依賴度進行建模。等級中的每一行和行動都可以用優先順序（目標的重要性／緊迫性）、頻率（在此項任務中這一目標多久被處理一次？）以及錯誤概率（目標未被正確處理的可能性）來進行標注。任務模式就像菜單，上面規定了哪些步驟應該按什麼順序去做才能實現總體目標，也就是成品菜。在菜單的某些地方也有替代的方法，也就是說下級目標可以通過不同的方式來滿足。

合適的方法的選擇往往與當時的環境要求聯繫在一起。這時我們可以在任務模型中使用「如果─那麼」規則來給這些決策點建模，即如果出現情況 Si，那麼就選擇方法 Vj。任務模型包含了成功完成任務所必須的資料和資訊，比如用參數來監控流程狀態和資訊，以便在決策時從不同的行動可能性中進行選取。這些資訊、目標的注解對人機團隊互動和介面的設計提出了重要的要求，例如，要求採用圖形顯示，在執行任務的任何時間重要資訊都必需以足夠容易識別的形式呈現出來。

此外，任務模型還為動態任務分配的策略在人機團隊合作的設計中的定義和測試提供了重要的基礎。任務建模可以使用的技術和工具有 GOMS、HTA、CTA 以及 PED 等。

2. 工作範圍的建模 並不是所有情況下所有人都能明確界定任務，而且有些時候，尤其是在發送錯誤的情況下創造性的方法是非常必要的。因此，工作範圍必須被明確地定義，並且以目標為導向通過人機團隊介面傳達給操作人員。工作範圍包括需要監控和操縱的過程，以及執行監控和操縱的人機團隊。這裡需要對原理和框架條件進行建模，它們是工作範圍建立的基礎，例如物理定律。通過對它們的充分利用才能實現人機團隊的整體目標（目的，例如

從 A 飛到 B）。下一節中我們將對工作範圍的建模進行更詳細的介紹。

3. 人的建模　操作人員對於充分的人機團隊合作、互動和介面設計的要求必須得到確定、實施和評估。為此，我們必須對人類認知的相關方面有一個全面的瞭解，其中包括感知、決策、多工處理以及心理、視覺和運動負荷的能力和限制。為了明確，甚至有效地給這些方面進行建模，可以運用的認知體系結構有 ACT-R、SOAR、CASCaS 以及 MIDAS。這些模型可以用來模擬操作人員在人機團隊中的行為，例如一個操作人員通過人機介面與機器進行互動。

在模擬的過程中可以對不同版本的介面依據合適的人為因素指標的使用情況進行比較。用目前的方法（包括未來的方法也很有可能）無法完全給人類的行為建模。因此，在選擇認知體系結構的時候，理解建模的重點和納入模型的抽象化人類行為是很重要的。只有這樣才能決定哪個體系結構適用於哪個開發問題。為了實現這種模擬，必須將模型整合到一個模擬平臺中。目前，在對 CASCaS 的應用中存在針對飛機、汽車以及浮橋系統開發的虛擬平臺。

4. 機器的建模　上文中曾提到，機器功能的開發通常需借助於系統的工程方法。在許多情況下這些方法指的是功能需求、功能分類、系統結構以及測試案例的建模。所使用的建模語言有 RTMAPS，MATLAB，SCADE 或 IBM Rational 等工具下的 UML（Unified Modeling Language 的簡稱，即統一建模語言）或 SysML（Systems Modeling Language 的簡稱，即系統建模語言）。在模擬平臺上，機器模型可以與人類模型結合使用，來模擬和評估封閉的輸入─輸出環（閉環）內的人際互動。有了機器模型，人們就能在開發的早期階段，在還原型還沒有完成的時候，開展這種評估。

建模可以在不同的規範化層次上進行。只要開發商用文案描述了他們的設計理念，就可以開始建模了。這使那些設計變得明確，並可以在諸如有主持的研討會上接受探究和測試。下一個步驟是運用正式的符號來對某些設想進行清晰和連貫的描述。根據正式的描述就可以開始估算並通過分析得出預測。最後，可行的模型就被建立起來了，它使得模擬和在實際測試場景詳細分析變為可能。合適的建模規範化程度的選擇，不論是廣度還是深度，取決於開發問題的關鍵程度、認證要求和可用資源。在資源方面必須要注意的是，在開發初期階段的建模投入，可以為日後的測試和變動節省好幾倍的花費。

如上文所述，基於模型的方法與其他方法，如通過測試在設計方案之間做出選擇，是互補的。我們建議基於模型的分析應先於測試進行。通過這種方式可以事先消除設計中的不足，從而使測試的成本大大降低。

此外，通過基於模型的模擬還能對一大組測試場景進行自動分析。出於經費的考慮，這樣的測試在現實中是無法實現的。通過模擬還能識別出一些重要的場景，在下一階段與操作人員一同接受研究。基於模型的方法和以試驗為基礎的方法的結合是絕對必要的，因為模型始終只能描繪出一個抽象的現實。

下文中，我們將深入舉例介紹工作範圍的建模。生態介面設計方法使用了一項重大的技術。雖然早在 1983 年這一方法的開創者為維森特（Vicente）和拉斯姆森（Rasmussen）對其的闡釋令人印象深刻，但此項技術在實踐中的應用並不廣泛。

▶生態介面設計

生態介面設計（EID）是將工作範圍進行模型化的一種方法。在研發用於監控工業流程的人機團隊過程中，流程是工作範圍的首要因素。其次，從操作

者角度講，自動化系統也歸屬於工作範圍。與作業模型相反，用於監控工業流程的工作範圍模型沒有給出具體狀況下的具體行為，而是建立於不確定的工作環境中，比如無法預料的流程故障。在這樣的情況下，操作員必須對工作流程有清晰的理解，及時察覺、診斷問題，並做出修理措施。在行為模式（前表，見第 156、157 頁）內，生態介面設計尤其適合用於推導出對人機團隊交換設備的工作要求。這裡會產生如下問題：操作員需要關於工作範圍的哪些資訊以及這些資訊應以何種結構形式被呈現？此時，自動化窘境會在相應情況意識的幫助下受到衝擊。

此外，在人機團隊組成部分內，工作範圍模型還可以被用作研發自動化系統和改進操作員培訓材料的共同基礎。這樣就出現了自動化窘境的另一個重要方面：若操作員監控系統，或者說在人機團隊中同它們進行合作，那麼人機就應當處於對流程相同的理解水準上。這樣的話，操作員便可更好地理解機器的行為方式，這是實現人機團隊無障礙運行的先決條件。

為了給工作範圍進行模型化，要利用特殊結構來識別和描述工作流程的基礎性框架條件和準則。框架條件和準則指的是比如系統的自然法則、功能性聯繫以及組織或法律規定。該醞釀中的模型從針對目標的角度描述工作流程，要簡潔、清晰，方便操作員理解，並能發現和分析緊急狀況。生態介面設計建立於操作員是流程的智力模型這一設想之上。經驗豐富的操作員對故障和解決故障的過程進行記錄，通過分析大量該記錄得出，智力模型的結構往往包含若干抽象層面。

由上部抽象層推導出普遍性功能聯繫，由下部抽象層通過物理原件匯出具體實施辦法。借助生態介面設計可以將如此層級化的智力模型明確地構造出來，並以圖表的形式將其呈現。

下文將更加詳細地介紹這些抽象層級，並展示如何利用它們來引導和說明人機交換設備的構思。

1. 抽象層級作為工作範圍的智力模型 為了介紹抽象層級，通常會將飛機的大致結構作為類比。被監控的流程被看做是從機場 A 飛往機場 B 的這段飛行。該流程由機器代理人執行，例如自動駕駛儀、飛行管理系統以及兩位飛行員。下文中系統這一概念指的是帶有自動化子系統的飛機。抽象層級包含五個層次：

❶ 功能目標：這是指研發該系統的目標。一架飛機的目標是將乘客從 A 運輸到 B。此外還需定義一些標準，來評判系統是否正確運行：乘客應被安全、準時地送達目的地。

❷ 抽象功能：這是指系統工作的基礎性原理。大多數情況下指的是計算體積、能量和資訊的物理原理。另外還有用於描述抽象功能的組織原則及法律規定。對飛機來講，應考慮的是物體位移、產生力和保存能量的物理原理。例如，能量不會消亡，只會轉換，比如勢能轉換為動能或反之。

❸ 擴散功能：這是指由抽象功能的物理原理實現的基本功能。對飛機來講是指在飛機降落時用於減少動能和降低高度以最終安全落於跑道的基本功能。同抽象功能不同，這裡不僅僅列出原理，而且會具體描述哪些功能以何種順序被使用。因此，除了原理外，這裡還會涉及物體的流動、能量及／或資訊。飛機具有勢能，勢能在降落時必須被消除。飛機擁有降低高度、速度以及保持升力的裝置。這些裝置必須在正確的時間進行正確地合作，以保

163

證減少勢能並保持升力。在擴散功能這一層會對輸入輸出關係的時間順序進行描述：勢能會通過降低飛機高度被消除，與此同時飛行速度會提升。速度提升必須通過燃料節流和改變氣流的裝置來得以平衡；速度減慢需通過保持升力的裝置來中和等等。在工業生產流程中，將在該層級通過像加熱、冷卻、制模、打磨、衝壓及碾壓等一般功能來描述坯件的流動及改型。

❹ 物理功能：該層級引入物理系統原件並描述其特性。與一般性功能不同，這裡不僅僅涉及降低高度的裝置，還描述了如何操作這些裝置。例如，降低高度可以通過移動高低槳來實現。高低槳的物理功能為上下旋轉。

❺ 物理形式：這裡就物理外觀描述物理系統原件：形狀、大小、顏色、位置及材料。例如高低槳位於尾翼。至於是否還需要將其他資訊進行模型化，要看該資訊是否對發現和分析意外狀況的模型化目標有重要意義。

同經典的部分—整體層級不同，這裡的層級通過目標—手段關係相互疊加：功能目標需要通過利用物理原理（抽象功能）來實現；這裡又必須通過特定的擴散功能以特定的順序來使用這些原理；該原理通過物理系統原件來實現，系統物理原件會首先從物理功能，其次從產生該功能的物理特性方面被描述。這種結構化方式能幫助操作員處理問題。

若系統正常運行，則在所有層級上以及層級之間都滿足原則和框架條件。若出現故障，則會打破某些原則和條件。察覺故障的重要成分在於識別這些障礙。抽象層級在目標—手段關係的基礎上允許系統性地「變焦」進入系統。

表面上看，一個故障往往表現在某個特定系統目標無法完全實現。從這一點出發，可以在下一層級調查被破壞的物理原理，因為沒有正確實現某些基本功能，例如可以追溯到某一個物理功能的失靈，並追蹤到具體的一個或幾個原件上。由於可以從抽象到具體層面進行「變焦」，因此只需觀察失靈功能相關的物理原件。通過這樣的方式，該模型可以具體且高效地解決問題並因此快速實施維修方案。

2. 考慮人類資訊處理能力的資訊呈現 如何通過人機團隊實現抽象層級內關聯間的交流？這一問題涉及表現形式。為了推論出這一形式，生態介面設計以拉斯姆森定義的三個資訊處理層為基礎，它們分別是能力、規則和知識為基礎的資訊處理。這裡涉及分類學，借助被處理的資訊類型、所涉及的知識結構以及智力資源對資訊處理進行分類。

若從環境中感知的資訊被理解為某個空間一時間連續體內的信號，此時會啟動（激活）以能力為基礎的層面。然後會無意識使用驅動模型，這些模型在過去被學習和消化，並融入「血肉」。這裡主要涉及的是調節流程，此流程中需通過時間實現和保持某空間目標。例如在車道分隔標記內控制汽車行駛。空間偏差會被感知並按照規則進行控制。被使用的知識結構在感知和運動機能間製造一種緊密的連接。

若被感知的資訊被理解為符號，此時則會啟動以規則為基礎的層面。這些符號表示當前情況已經在過去被（多次）成功克服。成功的處理會被作為有效的行為指導存儲起來，此時便可再次調出並重新一步步使用。行為指導至少會部分有意識地被執行，由於目前情況同存儲情況間的出入，會出現必須在若干可能性之間做出選擇的決定點。若當前情況為從未出現過的新情況，並且感知到的資訊未被理解為象徵，則會啟動以知識為基礎的層面。此時沒有

已存儲好的智力解決方案，因此必須分析情況，並利用諸如智力模擬或類比的方法來創作和發明解決辦法。這裡會在工作環境的智力展示基礎上有意識地進行故障分析。以知識為基礎的層面需要豐富的背景知識，而以能力為基礎的層面對認知資源要求不多。具體情況下要啟動哪個層面與待完成的作業性質、操作員的經驗以及資訊形式有關。人機傳輸裝置應當允許操作員在較低的資訊處理層面完成任務。另一方面還需支援較高層面，因為智力處理層面不僅僅同資訊呈現相關。所以應當將傳輸裝置設計為：在操作員現有知識和能力的基礎上，分別啟動其與當前任務相符的智力層面。

3. 支援以能力為基礎的處理 操作人員必須有機會在顯示器上操作物件，就好像他直接接觸實物工作一樣。在這一過程中，通過圖表的移動，實物在時間和空間中移動著。顯示器上呈現的資訊必須能真實反映物體在時間和空間中的位置，從而啟動以能力為基礎的層面上運動的行為模式。

為了能夠通過逐漸增加的聯繫，將單個運動整合為複雜的運動序列，所展示的結構與基本運動，這些運動的總和與行為模式必須是同構的。這可以通過顯示內容的層級結構來實現。它展現了較高聚合層面的資訊是如何由較低聚合層面的單個資訊組合而成的。通過這種方式，不同聚合級別可同時出現，而操作人員則可以將他的注意力投到與他經驗水準相符的那個層面。

4. 支援以規則為基礎的行為 顯示器應當持續顯示符號與工作範圍原則和框架條件之間的一對一映射。也就是說，在任何時間點，所顯示的符號必須能夠清楚地反映出系統的狀態。在許多情況下，狀態的顯示與抽象或普遍的功能的層面相適應。然而，在實踐中，監控和操縱規則往往被定義在實體層面上。

這就可能導致操作人員無法理解這些規則是如何與系統功能和系統目的相聯

繫的。因此，應當根據抽象層級為不同層次和關係上的規則提供支援。值得
注意的是，影響因素將根據選定的抽象層面完全顯示出來。如果相關因素沒
有被顯示在這裡，那麼操作人員就不可能對工作範圍有一個完整公正的認識。

5. 支持以知識為基礎的行為 顯示器應當將工作範圍之間的聯繫展現出來，使
其能夠直接被運用到問題的解決中。畫面應當提供完整的抽象層級。介面應
當通過抽象層面間合適的連接結構支援對工作範圍的「聚焦」。通過這種方
法，操作人員可以根據目標利用複雜性逐漸降低的層級屬性來探索錯誤假設。

這些指導基於對人類資訊處理能力的認識，為設計人機團隊介面的內容和結
構提供了基礎。生態介面設計不支援圖形設計，就像它也不支援顏色、大小、
形狀或圖形效果的選擇。對圖形設計的重要需求，例如在資訊顯示的顯著性
方面，可以從任務模型中得出，因為它們說明了資訊的重要性。借助對人類
認知的基本認識，重要性可以被轉化為顯著性圖形。

以上的論述從根本上說明，以模型為基礎的方法不僅可以用於系統地考量人
機系統，尤其是人機團隊的開發中人這一因素的作用，還能幫助將相應的需
求設計進系統，避免到最後才想到它們。

▶經典的諷刺將獲解決

本文將人機團隊的理念作為自動化的一個視角和擺脫自動化窘境的可行方案
進行了介紹。在這裡，開發的中心既不是自動化系統也非人本身，而是人機
通過充分溝通實現的積極的相互配合。以模型為基礎的方法可以通過工程方
法幫助應對相關的發展挑戰。而自動化的經典諷刺將通過以下方式得到解決：

- 諷刺一：必須承認，人類在某些方面是優於機器的。應當根據情況動

態地將任務分配給人和機器。模型化的行為將對整個體系，尤其是人與機器之間的合作進行全面的評估，以求儘早發現並解決開發過程中的錯誤。

- 諷刺二：任務不是根據可行性，而是根據人機團隊中成員的長處和短處來分配。

- 諷刺三：對機器的監控將借助於溝通策略和相應的人機介面。介面的設計以人對資訊的處理為導向。應當認識到，必須有一套明確設計的直觀移交策略來指導任務向人的動態移交（例如出現故障時）。

- 諷刺四：在特定的情況下，操作人員有機會親自執行任務，以防止手動操控能力的生疏。

共有來自 7 個國家的 31 位工業和研究夥伴參與了由 ARTEMIS 聯合企業（www.artemis-ju.eu）資助的專案 HoliDes（自我調整人機協同系統的整體人為因素和系統設計），通過以模型為基礎的「方法模型」的製作來開發人機團隊。此專案涉及航空、公路運輸、控制站以及醫學等應用領域。在專案網站 www.holides.eu 上可以找到更多與本文內容相關的資訊。

參考文獻

Amelink, M. H. J., Mulder, M., van Paassen, M. M., & Flach, J. (2005). Theoretical foundations for a total energy - based perspective flight - path display. *International Journal of Aviation Psychology*, 15(3), 205-231.

Anderson, J. R., Bothell, D., Byrne, M. D., Douglass, S., Lebiere, C., & Qin, Y. (2004). An integrated theory of the mind. *Psychological Review*, 111(4), 1036-1060.

Annett, J. (2004). Hierarchical task analysis. In D. Diaper & N. Stanton (Hrsg.), *The handbook of task analysis for human computer interaction* (S. 67-82). Mahwah: Lawrence Erlbaum.

Bainbridge, L. (1983). Ironies of automation. *Automatica*, 19(6), 775-779.

Billings, C. E. (1997). *Aviation automation: the search for a human centered approach.* Mahwah: Lawrence Erlbaum Associates.

Burns, C. M. (2000). Putting it all together: improving display integration in ecological displays. *Human Factors*, 42, 226-241.

Burns, C. M., & Hajdukiewicz, J. R. (2004). *Ecological interface design.* Boca Raton: CRC Press.

Byrne, E. A., & Parasuraman, R. (1996). Psychophysiology and adaptive automation. *Biological Psychology*, 42(3), 249 268.

Card, S. K., Moran, T. P., & Newell, A. (1983). *The psychology of human - computer interaction.* Hillsdale: Lawrence Erlbaum Associates.

Christoffersen, K., & Woods, D. D. (2002). How to make automated systems team players. *Advances in Human Performance and Cognitive Engineering Research*, 2, 1-12.

Corker, K. M. (2000). Cognitive models and control. In N. B. Sarter & R. Amalberti (Hrsg.), *Cognitive engineering in the aviation domain.* Mahwah: LEA.

Dahlback, N., Jonsson, A., & Ahrenberg, L. (1993). Wizard of Oz studies why and how. *Knowledge Based Systems*, 6(4), 258-266.

Degani, A., Shafto, M., & Kirlik, A. (1999). Modes in human–machine systems: review, classification, and application. *International Journal of Aviation Psychology, 9*(2), 125-138.

Endsley, M. R. (1996). *Automation and situation awareness. Automation and human performance: theory and applications,* S. 163-181.

Endsley, M. R., & Kiris, E. O. (1995). The out of the loop performance problem and level of control in automation. *Human Factors, 37,* 38-394.

Fitts, P. M. (Hrsg.) (1951). *Human engineering for an effective air navigation and traffic control system.* Washington: National Research Council.

Flach, J. M., & Vicente, K. J. (1989). *Complexity, difficulty, direct manipulation and direct perception.* Technical Report EPRL -89-03. Engineering Psychol. Res. Lab., Univ. of Illinois, Urbana Champaign, IL.

Forsythe, C., Bernard, M. L., & Goldsmith, T. E. (2005). *Human cognitive models in systems design.* Mahwah: Lawrence Erlbaum Associates.

Frey, D., & Schulz Hardt, S. (1997). Eine Theorie der gelernten Sorglosigkeit. In H. Mandl (Hrsg.), *Bericht über den 40. Kongress der Deutschen Gesellschaft für Psychologie* (S. 604 611). G ttingen: Hogrefe Verlag für Psychologie.

Gigerenzer, G., Todd, P. M., & ABC Res. Group (1999). *Simple heuristics that make us smart.*New York: Oxford Univ. Press.

Javaux, D. (1998). Explaining Sarter & Woods' classical results. The cognitive complexity of pilotautopilot interaction on the Boeing 737 - EFIS. In N. Leveson & C. Johnson (Hrsg.), *Proceedings of the 2nd workshop on human error, safety and systems development.*

Klein, G., Woods, D. D., Bradshaw, J. M., Hoffman, R. R., & Feltovich, P. J. (2004). Ten challenges for making automation a "team player" in joint human - agent activity. *IEEE Intelligent Systems archive, 19*(6), 91- 95.

Lenk, J. C., Droste, R., Sobiech, C., Lüdtke, A., & Hahn, A. (2012). In T. Bossomaier & S. Nolfi (Hrsg.), *Proceedings of the fourth international conference on advanced cognitive technologies and applications* (COGNITIVE). ThinkMind (S. 67 70).

Lewis, R. L. (2001). Cognitive theory, soar. *In International encyclopedia of the social and behavioral sciences.* Amsterdam: Pergamon.

Lüdtke, A., & Möbus, C. (2004). A cognitive pilot model to predict learned carelessness for system design. In A. Pritchett & A. Jackson (Hrsg.), *Proceedings of the international conference on human - computer interaction in aeronautics (HCI - aero)*. C - épaduè - Editions: France. CD ROM

Lüdtke, A., Osterloh, J. P., & Frische, F. (2012). Multi criteria evaluation of aircraft cockpit systems by model - based simulation of pilot performance. In *Proceedings international conference on embedded real - time systems and software (ERTS2)*, 1. -3. February 2012, Toulouse, France.

Mackworth, N. H. (1950). Researches on the measurement of human performance. In H. W. Sinaiko (Hrsg.), *Selected papers on human factors in the design and use of control systems (1961)* (S. 174-331). New York: Dover.

May, J., & Barnard, P. J. (2004). Cognitive task analysis in interacting cognitive subsystems. In D. Diaper & N. Stanton (Hrsg.), *The handbook of task analysis for human computer interaction* (S. 291-325). Mahwah: Lawrence Erlbaum.

Norman, D. A. (1981). Categorization of action slips. *Psychological Review, 88(1)*, 1-15. Opperman, R. (1994). *Adaptive user support*. Hillsdale: Erlbaum.

Parasuraman, R., & Manzey, D. H. (2010). Complacency and bias in human use of automation: an *attentional integration. Journal of the Human Factors and Ergonomics Society,* 52, 381-410.

Parasuraman, R., & Riley, V. (1997). Human and automation: use, misuse, disuse, abuse. *Human Factors,* 39(2), 230-253.

Parasuraman, R., Sheridan, T. B., & Wickens, C. D. (2000). A model for types and levels of human interaction with automation. *IEEE Transactions on Systems, Man, and Cybernetics-Part A: Systems and Humans,* 30(3), 286-297.

Rasmussen, J. (1983). Skills, rules, knowledge; signals, signs, and symbols, and other distinctions in human performance models. *IEEE Transactions on Systems, Man and Cybernetics,* 13(3), 257-266.

Rasmussen, J. (1985). The role of hierarchical knowledge representation in decision making and system management. *IEEE Transactions on Systems, Man and Cybernetics,* 15(2), 234-243.

Rouse, W. B. (1981). Human - computer interaction in the control of dynamic systems. *ACM Computing Surveys,* 13, 71-99.

Rüegger, B. (1990). *Menschliches Fehlverhalten im Cockpit.* Schweizerische Rückversicherungs Gesellschaft, Abteilung Luftfahrt, Mythenquai 50/60, Postfach, CH-8022 Zürich, Schweiz.

Sarter, N. B., & Woods, D. D. (1995). *Strong, silent and out of the loop: properties of advanced (cockpit) automation and their impact on human-automation interaction.* Cognitive Systems Engineering Laboratory Report, CSEL 95 -TR-01. The Ohio State University, Columbus OH, March 1995. Prepared for NASA Ames Research Center.

Sarter, N. B., Woods, D. D., & Billings, C. (1997). Automation surprises. In G. Salvendy (Hrsg.), *Handbook of human factors/ergonomics* (2. Aufl., S. 1926-1943). New York: Wiley.

Sheridan, T. B. (1997). Supervisory control. In *Handbook of human factors and ergonomics.* New York: Wiley.

Sherman, P. J. (1997). *Aircrews' evaluations of flight deck automation training and use: measuring and ameliorating threats to safety.* The University of Texas Aerospace Crew Research Project. Technical Report 97-2, http://www.bluecoat.org/reports/Sherman_97_Aircrews.pdf (Stand 23.04.2014).

Simon, H. A. (1955). A behavioral model of rational choice. *Journal of Economics,* 69, 99-118.

Sobiech, C., Eilers, M., Denker, C., Lüdtke, A., Allen, P., Randall, G., & Javaux, D. (2014). Simulation of socio technical systems for human centre ship bridge design. In *Proceedings of the international conference on human factors in ship design & operation* (S. 115-122). London: The Royal Institution of Naval Architects.

Stanton, N. A. (2006). Hierarchical task analysis: development applications and extensions. *Applied Ergonomics,* 37, 55-79.

Vicente, K. J., & Rasmussen, J. (1992). Ecological interface design: theoretical foundations. *IEEE Transactions on Systems, Man and Cybernetics,* 22, 589-606.

Vicente, K. J. (2002). Ecological interface design: progress and challenges. *Human Factors,* 44, 62 78.

Warm, J. S., Dember, W. N., & Hancock, P. A. (1996). Vigilance and workload in automated systems. In R. Parasuraman & M. Mouloua (Hrsg.), *Automation and human performance: theory and applications* (S. 183-200). Mahwah: Lawrence Erlbaum.

Wiener, E. L., & Curry, R. E. (1980). Flight - deck automation: promises and problems. *Ergonomics,* 23(10), 995-1011.

Woods, D. D., & Roth, E. M. (1988). Cognitive engineering: human problem solving with tools. *Human Factors, 30*(4), 415-430.

Wortelen, B., Baumann, M., & Lüdtke, A. (2013). Dynamic simulation and prediction of drivers' attention distribution. *Journal of Transportation Research Part F: Traffic Psychology and Behaviour, 21,* 278-294.

Yamauchi, Y. (2012). Participatory design. In T. Ishida (Hrsg.), *Field informatics* (S. 123-138). Welwyn: Springer.

Zsambok, C. E., Beach, L. R., & Klein, G. (1992). A literature review of analytical and naturalistic decision making. In *Contract N66001-90-C-6023 for the Naval command, control and ocean surveillance center.* San Diego: Klein Associates Inc.

5

第五章

工業 4.0 的
未來前景

隨「工業 4.0」而來的技術創新必將對未來的工作世界（不
僅限於工業領域）產生巨大的影響。首先，在過去的幾十
年裡，工業機器人的廣泛應用大大推進了生產製造業自動
化的發展。機器人作為生產助手，與工人也存在身體互動。
其次，未來的工作形態須參考社會技術系統理念的三個維
度：「人類」，「組織」以及「技術」。

本章重點

人機互動合作下的
工作系統建構
以機器人技術為例

史蒂芬・威士曼
（Steffen Wischmann）

隨著傳感技術、傳動機制以及導航領域科技的迅猛發展，工業機器人在更多的領域被加以使用，同時突破了工業機器人的傳統應用方式。由以往的人機空間分離的共存方式轉向更緊密的人機互動合作乃是大勢所趨。

▶豐田汽車體現兩難境況

在過去的幾十年裡，工業機器人的廣泛應用大大推進了生產製造業自動化的發展。德國當前在使用和銷售工業機器人方面遙遙領先，在整個歐洲市場中拔得頭籌。相較全世界範圍內，僅美國和日本市場的人均機器人使用量更高。2012 年德國自動化和工業機器人產業銷售額達到 100.5 億歐元。

目前人力和機器人工作很大程度上仍存在著明確的分界，例如工人和機器人的工位常須要通過安全防護隔離，在工作中也有意識地避免雙方發生直接交互。這種分離一直被當作是工業自動化過程的標準模式。例如，汽車部件的焊接或者上漆工序已經實現全自動化，並且可以完全取代工人操作。

工人則須要負責彌補自動化過程中的漏洞，完成由於技術和經濟原因無法進行自動化生產的步驟，如一些技術複雜的工件、一些加工過程多變的工件。

豐田的例子就體現了這種兩難的境況。

豐田計畫 2014 年生產量為 1,000 萬輛汽車，比以往任何一個汽車製造商的產
量都高。為了完成這個目標，豐田自千禧年起便每年提高生產 50 萬輛汽車。
這種產量的巨額飛躍得以實現，主要靠從始至終的自動化工序，並同時增強
工業機器人的投入。在工廠中，工人們的位置常常都夾雜在機器的縫隙之中，
以製作相應的配件。

如果機器運轉出了問題，工人們並無法依靠自己的能力排除故障。生產的工
序往往非常複雜，而同樣執行這些工序的機器更加複雜。工人無法再參與到
基礎的生產步驟之中，一方面他們既沒有處理機器故障的能力，另一方面工
人也無法將他相較於機器來說更加優越的認知能力用在優化生產步驟上。

豐田長久以來都以卓越的品質聞名，而過去幾年卻不斷遭遇越來越多的品質
問題的紛擾。2009 年，在已經發生 100 起死亡交通事故後，豐田召回了大約
380 萬輛汽車，原因是轎車煞車踏板出現了卡死現象。為此，豐田必須向美
國繳納 12 億美元的罰金。

2014 年，豐田召回 640 萬輛汽車，而這次的召回理由是懷疑轉向柱和座位導
軌安裝品質不過關。這些問題顯然是生產缺陷造成的，而不是電子和軟體問
題。在這個情況下，豐田改變了它的生產策略。近年豐田重新開始加強人力
工位的投入，而這些工位此前已經被工業機器人完全代替了。

然而，人力工作崗位的重新投入並不代表向手工製造業的倒退。相反，豐田
仍舊傾向依賴自動化解決方案。而現在的方案則是建構一個學習工廠，使工
人們能夠更好地學習，暸解機器是如何操作每個工作步驟的。因為只有先讓

工人親自操作過所有生產步驟，工人才有可能去瞭解和優化整個生產流程，並能夠在機器出現故障的時候進行排除。但是這並不意味著自動化的退步，反而可以看作是對遺失的知識的重新獲得。下面幾個例子可以充分體現機器人不僅能夠和工人共存，更能夠在工作中交互接觸合作。下面這個例子顯示，新的科技發展已經可以涵蓋整個人機交互的過程，從簡單的指令，到機體配合，再到真正意義上的合作共事。

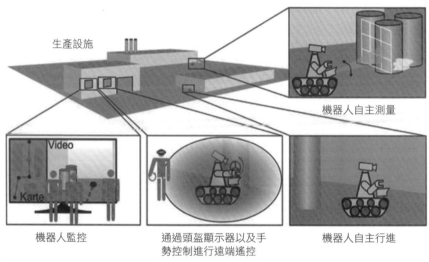

生產設施

機器人自主測量

機器人監控

通過頭盔顯示器以及手勢控制進行遠端遙控

機器人自主行進

圖 5-1 氣體檢查機器人（下）接管了監管排氣管道的工作。而工作人員只須對其工作進行指導和監測。

▶機器人將成為合作夥伴

隨著傳感技術、傳動機制以及導航領域科技的迅猛發展，工業機器人在更多的領域被投入使用，同時突破了工業機器人的傳統應用方式。由以往的人機空間分離的共存方式轉向更緊密的人機互動合作乃是大勢所趨。

機器人將會與人類共同工作成為我們的智慧助手嗎？機器人系統是否能夠把繁瑣多變的操作工序變成一個統一完整的流程？機器人適應人類的程度如何，而人類又需要在多大程度上去配合機器人呢？哪些新型的人機交互形式允許機器和人類實現真正意義上的合作？下面的例子將為您進一步解答這些問題。

▶工人指導

由德國聯邦政府經濟能源部門所資助的自主科技專案中的 RoboGasInspector（氣體檢查機器人，如圖 5-1）計畫讓自主機器人參與到（部分）工作中去，這一計畫的投入對勞工分配產生了明顯影響。該計畫通過使用智慧的、協作的、裝備有遠端油氣測量技術的機器人的新型人機系統，及時檢測機械設備中漏油的問題。此後，機械設備的檢查工作將大範圍實現自主檢測。

其中所使用的多模組遠端測量技術可以有效檢測不易操作的位置。與互聯網進行連結可以傳輸非本地的檢測資料以及儲存的資料，該功能同時可以服務於設備監控，其他機器人和工作人員之間也可以通過該功能實現資訊交流。

通過 GPS 和鐳射掃描機器人可以進行自我定位和導航。通過增強現實功能操作人員可以直觀地確定監控工作區域的地圖、通過機器人的視角來感知其周圍環境並監控整個傳感過程。

圖 5-2 在焊接鋼橋及其他鋼結構建築時，勞動強度極大（左）。Sabre 自主解決方案接替了人類的工作，為人類減負。工人只需監控流程、品質控制、補修以及機器人難以進入區域的焊接工作。

如有需要，使用者還可以通過手勢控制機器人的操作，進行遠端交互，並接管它的工作。這個功能可以通過例如「工具──中心──點」控制，使用空白鍵──滑鼠或者使用可視動態追蹤系統，操作者手的運動軌跡將直接傳輸給機器人並轉化成它的動作。操作者通過立體相機系統得到回饋，該回饋顯示在一個立體螢幕上或者頭盔顯示器上。通過這個系統，可以遠端打開氣門、關上氣門或者檢查某些特定的管道位置。

所有工作都由中心指揮處調配執行，固定路線巡視員的工作範圍因此而發生明顯變化：現場巡視的工作任務將逐漸消失，並由監控、設計以及服務等任務所替代。而這也意味著更高品質的工作，以及新的培訓要求。

同時，以往的崗位能力要求也將失效。雖然許多以前人工完成的工作步驟將由機器人代替，但是人類不僅僅只扮演監測工作的角色，他需要設計機器人的路線並且在必要情況下執行人機交互動作，並且還要評估機器人獲得的資料。

下面這個來自 Sabre Autonomous Solutions（SAS）公司的例子體現了機器人如何減輕工人的工作，但又並不完全取代工人的工作，如圖 5-2 所示。機器人技術使用領域：鋼結構噴砂處理。尤其是大型鋼鐵基礎設施，例如橋，必須長期進行防腐蝕護理。這項工作一直都由工人完成。然而惡劣的工作條件以及對體力的極端要求，即使再嫻熟的工人在工作 15 至 30 分鐘後也要休息一段時間。

SAS 公司發明了一種機器人，從而大大減輕了這項工作，使得該工作的很大一部分可以由機器人來承擔。將機器人放置於要進行加工的區域之前，機器人的工作環境也同正常工人的一樣，有相應的安全保障。機器人通過智慧感應器掃描需要加工的區域，同時一款軟體將識別要進行加工的範圍，並計算機器人手臂的運動軌跡。

而工人全程監測該自動化過程，若出現安全問題時也可以隨時終止操作。機器人完成操作後，工人進行品質檢查，並手動將加工後的部分遮蓋住，以防止機器人接觸該區域。

▶人力交互

RoRaRob 方案形象地體現了機器人和人類之間更進一步的合作，如圖 5-3 所示。該計畫展示了如何將新型的協作系統融入已有的工作結構中，而且無需對工人進行新的資格培訓。具體來說，這是一個為管道以及框架組裝焊接任務所發明的機器人協助系統。該方案的焦點是從節省經濟和人體工程學的角度實現人機互動。

該方案的目的並不是取代焊接工人，而是減少工人在核心任務「焊接」之外

的其他步驟，例如手持工件。伴隨的是人體工程學上的減壓。也就是說，例如：當組裝80公斤重的部件時，工人不再需要親自動手移動它或手動安裝。同樣，也一併解決了手持工件的麻煩。針對這個需求，一個數位模擬身體模型從一開始就被（如圖5-3a）植入系統中，通過這種方式人體工程學上的限制得到解決。

5-3a

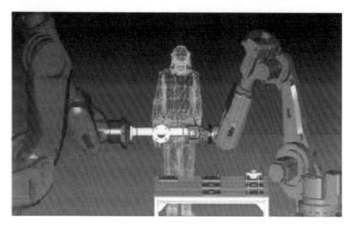

5-3b

圖 5-3　RoRaRob 示例展示，人類如何逐漸占據中心位置。機器人將為電焊工把重型部件移至人體工程學最佳位置。電焊工的作業內容基本沒變。

關於人機碰撞的問題，該方案為操控工件的機器人推導出了最優化的運動模型，轉化為機器人可識別指令，納入整個系統之中。同時還會檢查該動作是否在這個虛擬機器床工人的承重範圍之內。運行過程中，工作人員可以利用新型的人機互動工具（6D 滑鼠）來調整合適的工作高度。最關鍵的一點是：焊接工人自己並不用為機器人設計程式。幾乎所有程式設計工作只在線下完成。

出於企業經濟方面的考慮，在這個例子中運用新程式作業並沒有對焊接工人增添更多負擔。這就意味著，焊接工人的工作以及資格培訓都沒有大的變化。從勞工分配的角度來看，更優化的分配反而減輕了工人的壓力。焊接工人仍舊處於這個工作的中心位置，並且在一定程度上可以干涉機器人的操作。

▶人力協作
歐盟 JILAS 方案的結果展示了現代機器人技術如何全方位成為工人的助手（如圖 5-4）。一家來自瑞士的小型飛機製造商提出了對該自動化工作解決

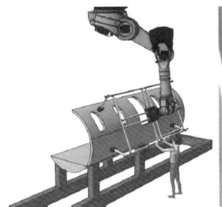

圖 5-4 歐盟 JILAS 方案展示了真正的人機合作。機器人協助人類擺放重型部件，同時在一定程度上進行自主作業。如果機器人不能自己完成任務，工人將通過簡單的推拉動作為機器人提供支援。

方案的需求。

該製造商的大多數飛機訂單都需要特別定制，因此至今都沿用手工製造方法。然而由於瑞士高昂的勞動力成本，他們不得不外包生產。尤其是組裝沉重的側面板和頂部件需要多達 5 個人共同合作。而在可調控力量的機器手臂的幫助下，現在只要一個工人就能獨立、完整、安全地完成這個安裝。機器手臂負責抬起沉重的部件，工人則在機器手臂的協助下將這個側面板挪至靠近其目標位置。為了方便最終將定位精確到毫米內，工人可使用操作簡易的跟蹤系統測量終端位置。

然後，機器手臂會自主將部件精確安裝至最終位置。常常，機器人移動工件時會受到突出的螺釘或者吊環的阻礙，遇到這種情況，工人則可以協助機器人，將工件拉至無阻礙的方向後，機器人繼續正常運作，最後，由工人完成最終裝配。該系統的設計無需使用者掌握任何特殊的知識。

工人仍使用他最習慣的工件，只是在機器人的幫助下可以更精確地完成裝配，而不再需其他工人的配合。手持和移動重物，在此之前是人體工程學上的重負，現在則可以輕鬆脫手了。而整個工作流程掌握在工人自己手裡。工人可以自行設計、執行工作，控制結果，在必要時修正錯誤。這樣就完成了一次出色的自主工作。

▶機器人同事

現在越來越多的機器人系統技術都十分純熟，顯示出對人類工作出類拔萃的協助功能（如圖 5-5）。輕量級的機器人扮演著尤其重要的角色，例如丹麥製造商所製造的通用機器人（Universal Robots，UR），它的最大力度和速度的設計理念是絕不引起任何人員傷害，當工人進入其工作區域時機器人便

立即停運。參加一個簡短的訓練後，工人可以在教學面板的圖形介面中對機
器人進行自主程式設計。自 2009 年起，通用機器人的銷量已超過 2,500 個，
其中 80% 應用於人類無物理安全障礙工作。

而 Rethink Robitics 公司的機器人 Baxter 程式設計功能更簡單了，它類似於
前面提到的 JILAS 方案。Baxter 從一開始就是為潛在客戶所發明的。除了安
全問題外，製造商將主要注意力都放在了更方便簡單地操作一個機器人，也
就是機器人和工人的交互功能上。通過直觀地推拉機器手臂和夾具就可以為
Baxter 程式設計以及訓練 Baxter。

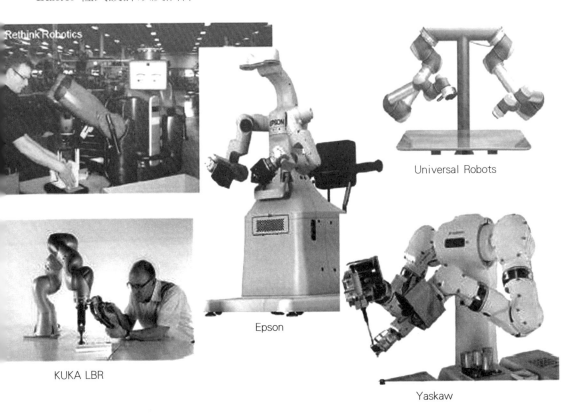

Universal Robots

Epson

KUKA LBR

Yaskaw

**圖 5-5 新一代機器人可實現人與機器人的直接合作。機器人本身很安全，不會造成傷害威脅，並且可以通
過教學管道、推拉或者簡單的安裝進行程式設計。**

通過螢幕（屏幕）使用者會收到有關培訓成果的視覺回饋。該螢幕還可在運行過程中也服務於人機交互協作。當機器人，例如，因為缺少零件需要幫助，一直望向被啟動的工作方向時，虛擬眼會進行提示。這樣，操作員便可以輕易地預測機器人的運動走向。Baxter 像 UR5 一樣安全，因此不需劃分安全工作區域或與工人隔離開來。

機器人 Baxter 和 UR5 以及其他製造商的同類機型（如圖 5-5，見第 185 頁）滿足所有工作建構的需求，作為一個工具，能實現完整工序的操作。一方面，使用者可以獨立設計、組織以及執行、調控任務，無需額外的專業技能知識。另一方面，機器人也能夠在其不足以保證常規操作的情況下，將其當前狀態回饋給使用者。

用戶可以直觀地瞭解問題，並且能夠獨立解決該問題。這個方案的實現一方面是以工人參與瞭解各個工作步驟為前提的，另一方面直觀的交互介面也是必須的，這不僅人要瞭解機器的動向，反之機器人更要瞭解人的動作。然而，這一點目前大多數系統都沒有達到。若要實現這一點，要麼像 Baxter，使用通過相應的視覺化螢幕實現，要麼，像 JILAS，機器人僅僅協助人的工作。後者具有的優點是工人在任何時間都可以自己執行操作。因此當沒有人機交互介面時也能夠直觀地發現問題。

▶人與機器之間的雙向互動

目前在人機交互領域的研究往往只側重在預測人們的行為，然後推導機器人的行為去適應人的行為。人們常常忘記了，其實人類可以更敏捷地做出反應，只要他能捕捉到機器人的「意圖」和狀態。

未來「協作式」機器人的挑戰越發凸顯出來。機器人能夠在其不足以保證常
規操作的情況下，將其當前實際狀態回饋給使用者。用戶必須能夠理解問題
所在並能夠獨自修復問題。理想情況下，機器人的修復服務不再由生產商負
責，而是由最終用戶自己接管，這一點，在 Baxter 方案中已經實現。而直觀
的交互介面是必不可少的前提。

目前在弗勞恩霍夫（Fraunhofer）的研究方案 IFF 展示了機器人回饋給工人
的資訊後如何應用這些資訊（如圖 5-6a）。研究人員已經開發出一種感測器

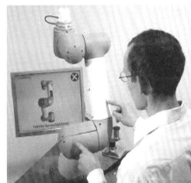

圖 5-6a　　　　　圖 5-6b

圖 5-6 新介面，例如純電阻感測表面（a），可實現直接在機器人身上進行程式設計，而先進的投射技術
既可以實現機器人對自己行動的預知，又可以實現用戶在機器人附近啟動所需資料。

皮膚（如圖 5-6b），可以靈活地適應盡可能不同的幾何形狀。
一方面，所述電阻測量系統能夠快速和可靠地檢測到人的碰觸，從而增加人
類與機器人之間的交互的安全性。這個系統會提示機器人有人類在附近。該
機器人可以停止活動或進行適當的迴避動作。另一方面，這個系統也可以用
作輸入裝置，在機器人手臂上安裝類似觸控式螢幕的工具，以用於程式設計。

羅伯特 · 博世公司（Robert Bosch GmbH）的一個類似的系統「APAS」，

它製造的感測器皮膚近期得到由德國行業協會認證，允許人類與機器人之間的直接合作。這是一個高度敏感的電容式感測器的皮膚，只有確認偵察到人在靠近後才會與其發生接觸，因此，機器人在正好與人發生碰撞前就能適時停住。但是，這些安全系統並不能直接幫助人們更好地預測機器人的行為。同樣，弗勞恩霍夫 IFF（如圖 5-6b）對此也有自己的解決方案。通過攝影頭和投影技術的組合，該方案不僅能夠將安全區域動態直觀地視覺化，而且它也能記錄下進入安全區域的行為並啟動機器人臂做出相應的行動（例如，緊急停止）。同時這個系統可以通知使用機器人的後續行動確切將在什麼位置發生，保障了人與機器間高效的合作。

▶新型操作介面 簡單、安全

之前的例子表明了最新機器人科技對工作系統建構的影響是多種多樣的。既可以像傳統的自動化過程那樣機器人完全替代人力工作，例如氣體管檢查員的方案。也可以像噴砂機器人的例子中，機器人替代耗費體力和高度負荷的工作，人工只需負責完善。在這兩個例子中，人與機器溝通，對機器人下達指令，溝通內容僅限制在提出和啟動機器人的操作上。

而 RoRaRob 的例子展示了工人如何在利用機器人顯著改善人體工程學條件下繼續進行他所熟練的生產活動。機器人作為生產助手，與工人也存在身體互動。雖然機器人會去配合適應工人，但機器人為什麼做，做什麼，並不對工人開放，因為機器人的行為程式是由外部專家編好的。即使在發生錯誤的情況下，工人也無法修復，正如所提到的豐田的例子。

JILAS 的例子指明了真正人機合作之路。人是工作流程中的主體，並完全控制機器系統。工人可以隨時進行校正機器人自主操作的工作部分。機器人幫助工人，為其工作減壓。而工人依然參與了所有的工作步驟，可以在機器人

無法自主完成工作的時候可以幫助機器人。這個例子也展示了在機器人的幫助下可以顯著提高工作效率，而不會產生以往自動化所產生的矛盾。

工人可以在新型使用者介面中直觀地瞭解機器人當前的任務以及將要進行的任務。我們已經看到，機器人的操作和程式設計都已進行了簡化，工人不需要任何特殊資格認證也可以操作。正如 Bernd Kärcher 的文章表示，公司既可以選擇以機器人為核心的技術（見氣體檢查機器人的例子），也可以選擇人與機器互相協作的科技方案（見例 JILAS），也就是說，可以選擇使用機器人代替人力工作或者選擇支援人力工作。

機器人技術已然十分純熟。現在機器人可以不用被圍在安全區域內，與人類互動合作。新型的操作介面不僅使得簡單、安全的操作成為可能，更可以實現真正的雙向資訊交流。我們可以按自己意願選擇互動的程度：是只下達動作指令？還是與機器人共事？

工業 4.0 的工作導向
新視角和待解決問題

阿爾馮斯・波特霍夫（Alfons Botthof）
恩斯特・安德雷亞斯・哈特曼（Ernst Andreas Hartmann）

工業 4.0 時代的工作世界是可塑造的，也是需要塑造的。未來的工作形態須參考社會技術系統理念的三個維度：「人類」，「組織」以及「技術」。經實踐得知，「組織」尤其重要。因為可通過企業內部、企業間的組織來實現增值。

▶工作世界是可塑造的

隨「工業 4.0」而來的技術創新，必將對未來的工作世界（不僅限於工業領域）產生巨大的影響。本書的作者對此深信不疑。

對於這種改變的實質以及動態等基本問題，本書作者也持有基本相同的觀點。

首先，大家都認為，技術創新並不會像「自然法則」一樣以技術決定工作世界。工業 4.0 時代的工作世界是可塑造的，也是需要塑造的。

未來的工作形態須參考社會技術系統理念的三個維度：「人類」，「組織」以及「技術」。經實踐得知，「組織」尤其重要。因為可通過企業內部、企業間的組織來實現增值。對於勞動者來說，組織的結構、流程（尤其是由此形成的工作分配及組合），是工作品質的重要影響因素。評價工作品質的主

要標準，比如人性化、促進學習式等，主要靠組織來決定。

技術應該作為組織的成果之一，迎合組織結構、兼顧人類的工作品質。而組織結構與工作品質也是相互依賴的。

此外，本書作者也一致認為，未來的工作形態應足以應對人口變遷帶來的挑戰。從勞動力可持續性以及技術高速發展兩個方面考慮，下列幾點尤為重要：

- 減小人類身體及心理壓力。

- 將工作流程的促進學習式作為終身學習的前提，迅速適應變化的條件。

由工作組織結構、流程以及人類工作品質提出的新形態需求及挑戰同時帶來了技術層面上的新機遇。下列幾點展示了這種發展趨勢：

- 供使用的即時資訊數量將明顯增加，且種類多樣。而組織形態此時所面臨的挑戰：是這些資訊應該分配給誰、用於什麼任務和決定？

- 「自主系統」指的是自動化新階段。在該階段，機器能夠感知理解複雜的現實情況，進行高難度分析，且有能力做出決定。對人類來說，這種自主功能可以發揮支援性作用（協助系統）、也可以發揮替代性作用。根據不同的作業組，支援性作用及替代性作用也可能以多種混合形式出現。

- 人機互動領域出現兩大趨勢。趨勢之一是通過用視覺化等概念描述的

虛擬與現實的交互與融合。傳統的人機互動概念遠不足以涵蓋該趨勢，因此需要新的定義及形態概念。

- 尤其是機器人學，可稱為人與技術協同合作的初步實踐。此類協同合作不僅限於人類「使用」技術，或者與技術互動，為此也需要新的定義及形態概念。

▶待解決問題

基於原則性的形態問題以及短期內技術性可選方案，不同領域還面臨著不同的問題有待研究。例如：

- 要求能力較高的工作需要面臨什麼挑戰？又有什麼形態選擇？高要求、有計劃性、組織性的工作可以自動化到什麼程度？

- 要求能力較低的工作需要面臨什麼挑戰？又有什麼形態選擇？這類工作中的哪些、在多大程度上可以被自主機械系統替代？

- 協助系統能夠扮演什麼角色，特別是根據工作、流程難度要求進行區別？對於要求高的作業，協助系統如何、多大程度上幫助人類專家執行並深化其專業？對於要求高的作業，協助系統如何、多大程度上幫助能力有限的人完成其任務？

- 如何在工作中／為工作進行能力培訓及提升？此時，「在工作中學習」的模式（促進學習式工作組織機構）與貼近工作的學習形式，如學習型工廠，有什麼直接關係？

- 自主機械系統與人類的自主性如何協調一致？在高度自動化的環境
  裡，人類如何控制其環境及在哪裡進行的流程？

- 工業 4.0 可以使用哪些形態構成的方法及方法論？如生態介面設計類
  的理論對此又有什麼影響？

工業 4.0

結合物聯網與大數據的
第四次工業革命

SAN YAU
http://www.ju-zi.com.tw
三友圖書
友直 友諒 友多聞

工業 4.0：結合物聯網與大數據的第四次工業革命 /
Alfons Botthof, Ernst Andreas Hartmann 編；劉欣 譯. --
初版. -- 臺北市：四塊玉文創，2015.12
　面；　公分
譯自：Zukunft der Arbeit in Industrie 4.0
ISBN 978-986-5661-49-6 (平裝)
1. 工業革命 2. 工業工程 3. 工程經濟學
555.29　　　　　　　　　　　104025490

Translation from German language edition:
Zukunft der Arbeit in Industrie 4.0
Edited by Alfons Botthof and Ernst Andreas Hartmann
Copyright © 2015 The editors and the authors
Springer Berlin Heidelberg is a part of Springer Science+Business Media
All Rights Reserved by the Publisher
Chinese traditional edition© 2015 by Four Pillars Publishing Co., Ltd.
Published by arrangment with Springer Berlin Heidelberg
Through XIANG Yuanju, Agency

編　　　者　阿爾馮斯·波特霍夫
　　　　　　（Alfons Botthof）
　　　　　　恩斯特·安德雷亞斯·哈特曼
　　　　　　（Ernst Andreas Hartmann）
譯　　　者　劉欣
編　　　輯　黃玉成

發 行 人　程顯灝
總 編 輯　呂增娣
主　　編　徐詩淵
資深編輯　鄭婷尹
編　　輯　吳嘉芬、林憶欣
編輯助理　黃莛勻
美術主編　劉錦堂
美術編輯　曹文甄、黃珮瑜
行銷總監　呂增慧
資深行銷　謝儀方、吳孟蓉

發 行 部　侯莉莉
財 務 部　許麗娟、陳美齡
印　　務　許丁財
出 版 者　四塊玉文創有限公司

總 代 理　三友圖書有限公司
地　　址　106 台北市安和路 2 段 213 號 4 樓
電　　話　(02) 2377-4155
傳　　真　(02) 2377-4355
E - mail　service@sanyau.com.tw
郵政劃撥　05844889 三友圖書有限公司

總 經 銷　大和書報圖書股份有限公司
地　　址　新北市新莊區五工五路 2 號
電　　話　(02) 8990-2588
傳　　真　(02) 2299-7900

製　　版　興旺彩色印刷製版有限公司
印　　刷　鴻海科技印刷股份有限公司

初　　版　2015 年 12 月
一版三刷　2018 年 08 月
定　　價　新臺幣 380 元
I S B N　978-986-5661-49-6 (平裝)

地址： 　　　縣/市　　　鄉/鎮/市/區　　　路/街

　　　段　　　巷　　　弄　　　號　　　樓

廣 告 回 函
台 北 郵 局 登 記 證
台北廣字第2780號

三友圖書有限公司　收
SANYAU PUBLISHING CO., LTD.

106　　台北市安和路2段213號4樓

親愛的讀者：
感謝您購買《工業 4.0》一書，為感謝您對本書的支持與愛護，只要填妥本回函，並寄回本社，
即可成為三友圖書會員，將定期提供新書資訊及各種優惠給您。

姓名 _____ 出生年月日_____

電話 _____ E-mail _____

通訊地址_____

臉書帳號 _____

部落格名稱 _____

1 年齡
☐ 18 歲以下 ☐ 19 歲～ 25 歲 ☐ 26 歲～ 35 歲 ☐ 36 歲～ 45 歲 ☐ 46 歲～ 55 歲
☐ 56 歲～ 65 歲 ☐ 66 歲～ 75 歲 ☐ 76 歲～ 85 歲 ☐ 86 歲以上

2 職業
☐軍公教 ☐工 ☐商 ☐自由業 ☐服務業 ☐農林漁牧業 ☐家管 ☐學生
☐其他 _____

3 您從何處購得本書？
☐網路書店 ☐博客來 ☐金石堂 ☐讀冊 ☐誠品 ☐其他 _____
☐實體書店 _____

4 您從何處得知本書？
☐網路書店 ☐博客來 ☐金石堂 ☐讀冊 ☐誠品 ☐其他 _____
☐實體書店 _____ ☐ FB（微胖男女粉絲團 - 三友圖書）
☐三友圖書電子報 ☐好好刊（季刊） ☐朋友推薦 ☐廣播媒體_____

5 您購買本書的因素有哪些？（可複選）
☐作者 ☐內容 ☐圖片 ☐版面編排 ☐其他 _____

6 您覺得本書的封面設計如何？
☐非常滿意 ☐滿意 ☐普通 ☐很差 ☐其他 _____

7 非常感謝您購買此書，您還對哪些主題有興趣？（可複選）
☐中西食譜 ☐點心烘焙 ☐飲品類 ☐旅遊 ☐養生保健 ☐瘦身美妝 ☐手作 ☐寵物
☐商業理財 ☐心靈療癒 ☐小說 ☐其他 _____

8 您每個月的購書預算為多少金額？
☐ 1,000 元以下 ☐ 1,001 ～ 2,000 元 ☐ 2,001 ～ 3,000 元 ☐ 3,001 ～ 4,000 元
☐ 4,001 ～ 5,000 元 ☐ 5,001 元以上

9 若出版的書籍搭配贈品活動，您比較喜歡哪一類型的贈品？（可選 2 種）
☐食品調味類 ☐鍋具類 ☐家電用品類 ☐書籍類 ☐生活用品類 ☐ DIY 手作類
☐交通票券類 ☐展演活動票券類 ☐其他 _____

10 您認為本書尚需改進之處？以及對我們的意見？
_____

感謝您的填寫，
您寶貴的建議是我們進步的動力！